日语教学思维创新与具体教学应用研究

谭　婧◎著

中国纺织出版社有限公司

图书在版编目（CIP）数据

日语教学思维创新与具体教学应用研究 / 谭婧著 .
北京 : 中国纺织出版社有限公司 , 2025.5. -- ISBN
978-7-5229-2788-6

Ⅰ . H369.3

中国国家版本馆 CIP 数据核字第 2025J127Q0 号

责任编辑：房丽娜　　责任校对：王花妮　　责任印制：储志伟

中国纺织出版社有限公司出版发行
地址：北京市朝阳区百子湾东里 A407 号楼　邮政编码：100124
销售电话：010—67004422　传真：010—87155801
http://www.c-textilep.com
中国纺织出版社天猫旗舰店
官方微博 http://weibo.com/2119887771
河北延风印务有限公司印刷　各地新华书店经销
2025 年 5 月第 1 版第 1 次印刷
开本：710×1000　1/16　印张：8.5
字数：120 千字　定价：89.00 元

前　言

在全球化与数字化浪潮的深刻影响下，语言教育领域正经历着前所未有的变革。日语作为重要的国际交流语言，其教学理念与方法亟待革新以适应时代需求。基于这一现实，笔者撰写了《日语教学思维创新与具体教学应用研究》一书，旨在立足当代教育发展趋势，系统探索日语教学的创新路径与实践策略，为日语教育工作者、研究者及学习者提供兼具理论深度与实践价值的参考。

本书的创作源于笔者对当前日语教学现状的长期观察与深入思考。随着教育技术的迭代升级与学习者需求的日益多元，传统日语教学模式逐渐显露出局限性：单纯的语言知识传授已难以满足学习者在跨文化交际能力、自主学习能力等方面的诉求。与此同时，认知科学、信息技术等领域的突破性进展，为语言教学创新开辟了新的可能性。基于此，笔者尝试构建一个融合理论创新、实践探索与技术应用的综合性研究框架，力求为日语教学注入新活力。

全书共分为六个部分：开篇从日语教学的基础理论切入，系统梳理其科学内涵、理论根基与原则体系；继而深入剖析认知语言学、建构主义等经典理论在日语教学中的具体应用；随后探讨全球化与数字化背景下日语教学思维的转型方向；通过丰富的实践案例，展示不同教学场景中的创新尝试；详细阐述图式理论、OBE 理念等新型教学模式的课堂应用；最后聚焦现代信息技术与日语教学的融合路径，展望未来发展趋势。

本书的核心特色在于跨学科视角与实践导向。笔者在研究过程中，既注重理论层面的创新突破，也强调将前沿理论转化为可操作的教学策略。通过整合认知科学研究成果、教育技术创新成果，结合中国日语学习者的认知特点与学习环境，提出更具针对性的教学建议，力求实现理论与实践的深度融合。

在本书撰写过程中，笔者得到了许多专家学者与一线教师的支持与指导，他们的宝贵建议使本书内容得以不断完善。同时，参与案例研究的师生们贡献的实践经验，也为本书提供了重要的实证支撑。此向所有为本书提供宝贵意见与建议、参考的专家学者致以诚挚的谢意！

日语教学研究是一个持续发展的领域，本书中的观点与结论仍需在实践中不断检验与完善。笔者真诚期待广大读者提出宝贵意见，共同推动日语教学研究迈向新高度。希望本书能成为日语教育工作者创新探索道路上的有益参考，为培育适应新时代需求的日语人才贡献绵薄之力。

谭　婧

2025 年 1 月

目 录

第一章 日语教学概述

第一节 日语教学的科学内涵

一、日语教学与日语教学法

日语是日本民族所使用的语言，它与社会文化知识紧密相关。日语学习与其他教育活动相同，都是具有目的性、系统性和计划性的过程。该过程涉及从基础知识学习开始，遵循客观规律，逐步提升听、说、读、写等语言技能的复杂过程。日语教学本质上是对该教学过程及其内在规律的研究。根据日本文化和旅游厅1999年的报告书所述："日语教育是为非日语母语者提供的语言教育。"此教学模式与我国的"对外汉语"教学理念相仿，均旨在为非母语者提供语言学习的机会。

日语教学法主要探讨如何有效地教授日语，包括采用何种策略、技巧和方法来提高学生的日语水平。教学方可能因教学目的、学生背景、学习环境等因素而异。[①] 日语课程是教授日语知识和技能的载体，即以传授和掌握日语知识和技能为目的的活动，旨在使学生不仅掌握日语听、说、读、写及中日互译的能力，还使其具备跨文化交际的素养。日语教育的实施通常依赖于教师的专业指导，教师会设定明确的教学目标，遵循既定的课程规划和教学大纲，选用与教学目标及学习者特点相匹配的教材开展教学。

---

① ［日］平山崇.日语教学法 [M].南京：南京大学出版社，2011.

日语教学法不仅包含日语教学的基础理论，还深入探讨具体的教学策略，例如讲授法、翻译法、演绎法以及实践法等。同时，该领域还研究如何在不同国家、不同年龄段以及不同能力水平的学习者中，选择和应用恰当的教学方法和策略。因此，日语教学法是对教师和学生在日语知识与技能传授和学习过程中的理论与实践进行系统研究的学科。

二、日语教学的学科属性和体系

（一）日语教学的学科属性

关于日语教学的学科属性，学术界存在不同的观点。一种观点认为，日语学科教学论应被视为外语学科教学论的一个组成部分，其研究对象广泛覆盖外语教学中的共通规律，包括教师角色定位、学生学习历程、教材甄选、课程设计以及评价体系等。另一种观点则认为，鉴于日语教学研究内容及目标的广泛性与复杂性，其已超越单纯语言研究的范畴，涵盖了教育科学的各个维度，因此主张将日语教学归属在教育科学的大范畴之内，将其作为其中的一个分支进行研究。这种观点反映了日语教学作为一个交叉学科的特点，它不仅涉及语言本身的教学，还涵盖了教育心理学、教学策略、教育技术等诸多领域。这表明日语教学研究者需具备跨学科的知识背景与广阔的视野，方能深刻理解并把握该领域的精髓及其发展趋势。

我们认为以上观点都是恰当的。日语教学是一门涵盖多个学科领域的边缘学科，它的研究范围涉及语言学、心理学、教育学等多个方面。作为一种特定的外语教学，它与英语教学、俄语教学等一样，都是构成普通外语教学的一部分。普通外语教学是在研究所有外语教学的通用规律和方法的基础上形成的，这些规律和方法来源于对各个分科外语教学的研究，并反过来影响和指导着这些分科的教学实践。

因此，对于从事日语教学的人来说，无论是理论研究还是实际教学，都需要深入理解和掌握日语教学的基本理论与方法，它是高等师范院校日语教育专业的核心必修课程。对日语教师而言，更是日常教学中不可或缺的理论与实践知识体系。日语教学的研究内容和方法广泛吸纳了多学科的理论成果，同时也为相关学科领域的研究提供了宝贵的参考依据。

（二）日语教学的体系

日语教学的体系有两层含义，主要是从广义的角度和狭义的角度来看的。从广义角度看，这个体系也叫作亚体系。简而言之，日语教学的亚体系涵盖了基本理论、基本知识、实践技能、操作技巧以及专业教育理念。

（1）基本理论。基本理论包括一般的语言学、心理学和教学信念以及相关的规则、模式和原则，如语言知识与语言能力的统一、智力因素与非智力因素的统一、教学与发展的统一等。基本理论还包括日语教学特有的信念、原则和方法，如听、说、读、写的能力，语音、语法和词汇，学习和教学的整合等。

（2）基本知识。基本知识则涉及基本理论在实际教学中的应用，涵盖教学方法、技巧、手段及注意事项等多个方面。语言技能教学、口语教学、课外活动组织、现代教育技术运用、强化教学及艺术教学等方法，均是构成基本知识的重要组成部分。但需要注意的是，背景知识与背景理论之间的界限具有一定的相对性。

（3）实践技能。这主要涉及将日语教学的基础知识与理论融入教学实践的初步探索中。它与教学的本质一致，因此在基础实践的范畴内，实践者还应努力进行创新。

初步教学实践涵盖了教学培训、实习活动、会议和研讨会等多种方式，在这些方式的基础上，教学传授包括听课、备课、教案编制、课堂观察、作业批改、学生指导、家访以及课外活动等形式。

（4）操作技巧。这些活动主要是日语课堂上的技术应用或科技活动。例如板书的布局、简笔画的绘制、各种教具的操作等。这些技能是日语教师不可或缺的基本功，也是日语学科的重要组成部分。

（5）专业教育理念。这是日语教学研究的出发点和目标。学科研究的广度、深度和复杂性，教师的思想、文化和逻辑修养，以及学科的发展，都促使学者和实践者对日语教学产生兴趣，进而发展为对日语教育工作的兴趣。

创新在语言教学学科发展中扮演着极其重要的角色。通过对创新思维的运用，我们可以更有效地解决语言教学中遇到的基本问题。教师研究语言教学并学习教学法，不仅在于掌握教书育人的技巧，更在于培养创造性地解决问题的能力。同样，研究教学法也是为了让其发挥更大的创造性价值。

从狭义的角度来看，日语教学的体系就是研究语言教学所包含的内容，日语教学的组成主要包括两大部分：教学思想和课程设计。教学思想是课程设计的核心，为课程设计指明了方向和原则；课程设计则是教学思想的具体表现形式。不同的教学法体系首先会在教学思想上有很大的差异，这一点也将直接反映在课程设计上。

教学思想确实是对语言本质及其社会功能的认知，同时也涵盖了对语言习得过程的理解，其中包括母语习得与第二语言习得的区别等。这些认知决定了我们如何组织教学过程，以及确立教学原则。

课程设计又可以细分为教学目的、教学内容、教学流程和教学方法四个部分。教学目的旨在明确课程期望达成的教学目标，以及学生学完课程后应具备的能力水平。教学内容则是挑选合适的教学范围，制订相应的标准，并合理分配学习时间等。此外，教师还需要设计一套体系和原则来组织教学内容，比如编排顺序等。教学流程则涉及整个教学过程的安排，涵盖课程整体规划、教学阶段划分与衔接、课型及分工，以及课内与课外教学的协同配合。教学方法旨在设计一种有效的教学模式，以适应学生学习的需要，进而提升教学质量。这些都是构成狭义上的日语教学法的重要组成部分。

三、日语教学研究的对象和任务

在全球化背景下，日语作为重要的国际语言，受到了广泛关注。根据多邻国（Duolingo）发布的 *Duolingo Language Report 2023* 可见，日语在全球受欢迎的语言中位列第五，这反映了国际社会对日本文化有着浓厚的兴趣。此外，相较于英语、西班牙语、法语，对日本文化感兴趣的学习者比例显著更高。在中国，日语学习的热度仅次于英语，连续三年位居第二。这些数据和趋势揭示了日语作为国际语言在教学领域的重要性日益上升。本部分内容旨在深入探讨日语教学的研究对象和任务，以期为日语教学提供更为科学和有效的理论支撑。

（一）日语教学的研究对象

1. 日语的语言特性

研究日语教学，首先需深入探讨日语的语言特性。这涵盖了日语的语音、语法、词汇、文字等层面的特性。对这些特性的研究有助于教师精确掌握日语教学的关键点和难点，进而制定更为有效的教学策略。

2. 学习者的特点

学习者是日语教学的核心。因此，日语教学的研究应关注学习者的特点，包括学习者的年龄、性别、母语背景、学习目的等方面的特点。研究学习者特点有助于教师深入了解其需求和困难，进而制定更具针对性的教学方案。

3. 教学环境

教学环境是日语教学的重要关注点，包括课堂的物理环境、学习者的心理环境及社会文化背景。深入研究教学环境，有助于教师更有效地利用教学资源，从而创造更佳的教学条件。

（二）日语教学的任务

1. 构建科学教学体系

明确教学目标、精选教学内容、设计合理的教学方法，并评估教学效果。通过构建科学的教学体系，教师可以确保教学的系统性和连贯性，从而提高教学效果。

2. 探索有效的教学方法

教学方法涵盖传统讲授法、互动法及任务法等。通过对各种教学方法的研究和实践，教师可以找到最适合自己和学习者的教学方法，从而提高教学效率。

3. 培养学习者的自主学习能力

在日语教学中，培养学习者的自主学习能力非常重要。因此，日语教学需要关注如何激发学习者的学习兴趣和动力，通过运用科学的教学策略帮助他们掌握有效的学习方法，从而提高他们的自主学习能力。

4.适应多元化的学习需求

随着社会的发展和技术的进步，学习者的学习需求也在不断变化。日语教学需要关注这些变化，从而适应多元化的学习需求。例如，针对年龄各异、学习目标多样的学习者群体，教师应当量身定制教学方案，精准对接其个性化需求，确保教学效果的最大化。

5.促进中日文化交流

日语作为中日两国之间沟通的桥梁，其教学也承载着促进中日文化交流的重任。日语教学法需要关注如何在教学中融入更多的文化元素，帮助学习者更好地理解和欣赏中日文化，从而促进两国之间的友好交流。

综上所述，日语教学的研究对象包括日语的语言特性、学习者的特点以及教学环境等。其任务包括构建科学的教学体系、探索有效的教学方法、培养学习者的自主学习能力、适应多元化的学习需求以及促进中日文化交流等。通过深入研究和实践应用，我们可以为日语教学提供更加科学和有效的理论支撑和实践指导。

四、日语教学的研究途径

日语教学作为一门学科，旨在探究日语教学的有效性。在全球化语境下，鉴于日语学习需求的不断增长，对日语教学的研究显得尤为关键。本部分内容拟从多个维度探讨日语教学的研究路径。

首先，对比分析法在日语教学研究中占据重要地位。通过对比分析日语与其他语言的异同，能够揭示日语学习的难点与重点，进而制定更为有效的教学策略。例如，日语的音节结构与汉语存在显著差异，这可能成为学生学习日语发音的障碍。因此，利用对比分析法有助于教师发现问题并采取针对性的教学策略，从而提升教学效果。

其次，实证研究法是日语教学研究的关键途径之一。通过搜集并分析实际教学数据，旨在深入了解学生的学习状况、评估教学方法的成效，并据此优化教学策略。例如，通过比较不同教学方法下班级的学习成绩，可以判断哪种教学方法更为高效。

　　此外，案例研究法亦是日语教学研究的重要手段。通过对特定学生或班级进行深入研究，能够掌握他们在学习过程中的具体问题和需求，从而为教学提供更加个性化的指导。例如，针对在日语学习中遭遇特殊困难的学生，案例研究法能够深入分析其学习障碍，并提供个性化的解决方案。

　　综上所述，对比分析法、实证研究法及案例研究法均为日语教学研究的核心方法、路径。通过这些方法的应用，能够更深入地掌握日语教学的特征与规律，进而制定出更有效的教学策略，从而提升日语教学的质量。当然，除了上述研究路径，其他方法亦是日语教学研究的重要补充。

　　第一，历史研究法。历史研究法的重点是探究日语教学的发展历程，有助于我们理解现行教学方法和理念的形成过程及其在教学实践中的表现。通过分析历史数据，我们能够研究成功实施教学的方法和策略，同时避免重复历史上出现过的错误。

　　第二，跨文化研究法。日语教学不仅涉及语言知识的传授，更是一个跨文化交流的重要环节，因此从跨文化视角研究日语教学法，有助于我们更深刻地理解日语教学的深层目标，以及如何更有效地实现这些目标。例如，对于日语中的敬语体系，从日本文化的角度进行理解，可能会更加深入和准确。

　　第三，技术辅助研究法。随着科技的进步，新的教学工具和平台不断涌现，为日语教学提供了更多的可能性。利用这些技术工具，我们能够实施在线教学、混合式教学等新型教学模式，并收集、分析大量学习数据，为教学提供更为科学的依据。

　　总体而言，日语教学的研究路径多样，每种方法都有其独特的优势和适用场景。在未来的研究中，我们应根据具体的研究目标和问题，选择恰当的研究方法，以期在日语教学理论与实践上实现更大的突破。同时，我们也应保持开放和包容的态度，不断学习和借鉴其他学科和领域的研究方法和成果，为日语教学的研究和发展注入新的活力。

五、对日语教学的认识误区

在日语教学领域，认知误区的存在对教学品质及学习者能力的提升带来了阻碍。

（一）过度偏重语法教学与忽视实际应用

在日语学习过程中，诸多学习者往往过分关注语法规则的重要性，而忽略了语言在实际交流中的灵活运用。这种偏重理论而轻视实践的学习方式，虽然能够使学习者对语法规则有较为深入的理解，但在真实语境中的应用能力却难以得到提升。

（二）轻视听说训练

在日语教学实践中，部分教师可能过分重视读写能力的培养，而对听说训练的基础性作用认识不足。然而，听说能力是语言学习的两大支柱，缺乏有效的听说训练，语言学习将失去其核心价值，难以达到深入掌握语言精髓的目的。

（三）忽视学习日本文化

语言与文化紧密相关，学习一种语言不仅需要掌握其语法和词汇，更需要深入理解其背后的文化内涵。然而，部分学习者在日语学习过程中往往仅限于语言形式本身，而忽略了文化学习的重要性，这可能导致在实际交流中因文化差异而产生误解。

（四）教学方法的僵化与缺乏创新

教学方法的选择和应用对学习成效具有决定性作用。然而，在日语教学过程中，部分教师可能过分依赖传统的教学法，缺乏创新和灵活性，这不仅可能削弱学习者的学习兴趣，也限制了他们在日语学习上的进一步发展。

因此，为了突破现状，迫切需要对日语教学法进行重新审视和革新，努力在语法教学与实践应用之间实现平衡。加强听说训练，并将日本文化教学自然融入其中，同时探索多元化的教学手段，为日语教学注入新的活力。只有这样，我们才能更有效地推动日语教学的发展，提升学习者的语言实际运用能力。

随着科技的持续进步和教育理念的不断更新，日语教学亦将面临新的发展机遇。大数据和人工智能技术的发展为教育领域带来了创新的教学方法和手段。例如，在日语教学中，教师可以利用 AI 技术为学生定制个性化的学习资料，以提高学习效率。同时，大数据分析能够帮助教师更准确地把握学生的学习习惯和需求，从而提供更加个性化的教学方案。此外，虚拟现实技术的应用能够模拟真实交流场景，为学生提供沉浸式的学习体验。这些新的教学方法和手段将有助于进一步提升日语教学的效果和质量，推动中日文化交流向更深层次发展。同时，我们也期待更多的日语教育者和研究者参与到这一领域的研究和实践中来，共同推动日语教学法的发展和创新。

第二节　日语教学的理论基础

一、日语教学与哲学

哲学与日语教学之间似乎存在着一种深层的联系，这种联系体现在多个方面，使得哲学成为日语教学的理论基础。

首先，哲学对于认识论的探讨为日语教学提供了重要的指导。认识论作为探究知识本质与来源的哲学分支，对语言学习的认知过程具有深远的启示意义。在日语教学中，教师应引领学生历经感知、理解、记忆及应用等认知环节，以全面掌握日语知识与技能。这些认知活动均受特定认识论的指导，而哲学对认识论的深刻探讨无疑为日语教学研究奠定了坚实的理论基础。

其次，哲学的伦理学观念对日语教学中的道德教育理念具有指导意义。日语教学不仅要教授语言知识和技能，还要培养学生的道德素质。哲学伦理学聚焦于人的道德行为、规范与价值，这些理念能够指引日语教师强化道德教育，培育学生的道德意识与责任感。

此外，哲学的美学观念对日语教学中的审美教育具有启示作用。日语教学中涉及大量的文学作品和文化内容，这些内容都需要学生具备一定的审美能力才能去欣赏和理解。哲学美学关注美的本质、美的标准和美的价值，这些观念可以引导日语教师在教学过程中注重培养学生的审美能力，提高学生对日语文化和文学作品的鉴赏水平。

最后，哲学的方法论为日语教学提供了科学的教学方法和手段。哲学方法论关注研究方法和思维方式的选择和应用，这些方法和思维方式可以为日语教学提供科学的指导。例如，辩证唯物主义和历史唯物主义等哲学方法论能为日语教学提供全面且联系紧密的观点，助力教师深入理解并有效运用各种教学方法和手段。

综上所述，哲学作为日语教学的理论基础，在认识论、伦理学、美学和方法论等多个方面为日语教学提供了重要的指导和启示。因此在日语教学中，我们应该注重哲学与教学实践的结合，充分发挥哲学在日语教学中的理论指导作用。

二、日语教学与教育教学

探讨日语教学与教育学之间的关系，是一个涉及范围广泛且深入的议题。两者之间的紧密联系不仅在理论层面得到体现，在教学实践中也得到了充分的体现。

首先，从理论层面来看，日语教学作为教育学的一个分支，遵循教育学的基本原理和原则。例如，教育学中"以学生为中心"的教学理念，在日语教学中也得到了广泛的应用。日语教学需依据学生的特点、需求及学习背景，设计适宜的教学方法和策略，这与教育学所倡导的因材施教理念不谋而合。

其次，在教学实践中，日语教学与教育学的关系更加紧密。日语教师需要运用教育学的知识，如课程设计、教学方法、评估与反馈等，来指导日语教学。例如，通过课程设计，教师可以根据学生的实际水平和需求，合理安排教学内容和进度；通过选择合适的教学方法，如情景教学法、任务型教学法等，可以激发学生的学习兴趣，提高教学效果；而评估与反馈则是教育教学中不可或缺的一环，它可以帮助教师了解学生的学习情况，及时调整教学策略。

此外，随着教育教学的不断发展，新的教学理念和方法也为日语教学提供了更多的可能性。例如，近年来兴起的混合式教学、翻转课堂等新型教学模式，为日语教学带来了新的挑战和机遇。日语教师应不断学习，更新教学理念与方法，以从容应对教育变革。

综上所述，日语教学与教育学的关系密不可分。它们不仅在理论层面相互支撑，更在教学实践中相互促进。对于日语教师来说，深入理解和掌握教育学的相关知识，是提高日语教学效果的关键。

三、日语教学与心理学

心理学作为一门探究人类心理活动过程的科学，致力于研究思维、记忆、想象、意志等心理过程及其模式。人类心理活动是大脑功能的体现，因此心理学研究以生理学为根基。教育过程可视为教师与学生共同参与的互动过程，其成效在很大程度上取决于双方的热情投入。学习作为一种认知活动，与心理功能紧密相连。有效的教学应当同时考虑教师作为教育实践者的角色和学生作为教育主体的地位，深入理解师生共有的生理、心理特性，并掌握教学过程中的心理规律，以确保智力、非智力及个性因素的和谐发展。生物行为心理学与认知心理学的基本原理为日语教学及日语学习能力的提升提供了坚实的理论支撑。心理学的应用有助于师生在教学与学习过程中培养自尊、自信、独立性，并促进记忆与认知结构的形成。

教育心理学专注于研究影响学生道德品质、知识技能掌握、智力与个性发展的心理机制，这都与日语教学紧密相关。该领域探讨学习动机、兴趣、学习感知、偏见以及思维与知识技能掌握之间的心理互动规律，直接关联到日语教学的各个方面。

心理语言学（Psycholinguistics）是一门探讨人类在语言学习、掌握和使用过程中的心理活动规律的学科，主要关注第一语言和第二语言学习与掌握过程中的心理机制。心理语言学的研究成果对于日语教学新理论的构建具有重要价值，并在教育实践中发挥着关键作用。

四、日语教学与语言学

日语教学与语言学之间存在着密切的关联性，这种关联不仅体现在理论的交织上，更在实际的教学实践中得到了深刻的体现。语言学作为研究人类语言的本质、结构、演变及其应用的学科，为日语教学提供了坚实的理论基础和广阔的研究视角。

首先，从理论维度审视，语言学中的诸多理论与观点为日语教学提供了宝贵的指导。例如，结构主义语言学着重强调语言的结构性特征，认为语言由一系列严谨的规则与结构所构成。这一观点在日语教学中体现为对语法规则的重视和对句型结构的深入分析；而功能主义语言学则注重语言在实际交流中的功能，强调语言的实用性和交际性。这一观点在日语教学中则体现为对听说能力的培养和对实际交际场景的模拟。

其次，从实践层面来看，日语教学在语言学理论的指导下，不断探索和创新教学方法和手段。例如，随着认知语言学的兴起，日语教学开始注重学生的认知过程和认知规律，采用任务型教学、情景教学等教学方法，以提高学生的语言应用能力和自主学习能力。同时，随着语料库语言学的不断发展与进步，日语教学亦开始充分利用大规模的语料库资源，对词汇、语法等领域展开深入研究与教学。

此外，日语教学与语言学之间的关系还体现在对语言现象的共同关注上。无论是语言学还是日语教学，都关注日语的语言特点、语法规则、词汇变化等现象。对这些现象进行深入的研究与分析，不仅能促进我们对日语语言本质的认识，还能为日语教学提供更为精确且高效的方法。

综上所述，日语教学与语言学之间的关系是密切而深远的。语言学为日语教学提供了理论基础和研究视角，而日语教学则在语言学的指导下不断探索和创新教学方法和手段。这种关系不仅促进了日语教学的发展和完善，也为语言学的研究提供了新的视角和领域。

五、日语教学与社会学

语言与社会的联系是密不可分且具有辩证性的。社会的规模与活动程度由人类及其组织形式共同塑造，而社会的本质则主要由组织形式所决定。语言是人类区别于其他生物的关键特征，它不仅是交流的工具，也是文化融合的桥梁。

文化，同样是社会现象的一种，体现了社会与精神的力量，是人类智慧的结晶，是在长期的社会实践和历史沉淀中逐步形成的。人们通过语言来创造和发展文化，而文化又深刻地作用于人类，促进社会的持续发展。自古以来，人类社会积累的丰富文化遗产对与文化紧密相关的语言产生了深刻的影响。

社会学理论是社会学思想的精华所在。社会学理论的发展历程已近两个世纪，从孔德的实证主义到吉登斯的结构化理论，从严复的《群学肄言》到孙立平的《断裂》三部曲。进入 20 世纪，特别是 70 年代以后，功能理论、冲突理论、过程理论、符号互动理论、批判理论、结构化理论等多种社会学理论纷纷涌现。同时，新功能主义、传播行为理论、社会学实践理论、理性选择理论、意识互动链理论和后现代主义等现代社会学理论也相继问世，它们为深入理解各国的社会结构和社会现象提供了有力的工具。

社会结构及其语言和文化特征，都深受社会结构性质的影响。因此，社会学理论在日语教育中占据着至关重要的地位，是语言和文化教学的指导原则。此外，社会学还强调了教育群体内部、教师与学生、学生之间、教师之间、教师与家长以及学生与家长之间的一致性，这些一致性与个体的心理、认知、情感和行为状态紧密相关。

六、日语教学与人类学

语言是人类社会生活中不可或缺的组成部分。当代语言学的两大传统分别是语文学传统和人类学传统。

语文学传统源于比较语言学和历史语言学，它强调语言的自然属性，视语言为一个独立的封闭系统，并将语言学视为一门融合了人文科学与自然科学的独立学科。相对而言，人类学传统更注重文字系统及其与社会科学的联系。在那些没有文字传统的社群中，人类学方法常用来研究语言。

人类学传统催生了文化语言学的兴起与发展。语言学家通过从文化角度研究语言交际过程，逐渐认识到人类的语言交际不仅涉及语言系统本身，还包括与之紧密相关并作为基础的文化系统。

若从人类文化的视角审视日语教学问题，则必须正视并解决课堂上的文化交融与重叠现象。将文化融入语言教学与将语言教学置于文化背景之下，两者应相辅相成、相互促进。文化既是学习日语的目的，也是学习日语的手段。中日文化虽有差异，但各具特色。因此，日语教学的重要使命之一就是在语言学习过程中促进跨文化理解与沟通。从文化角度学习日语，有助于解决语言的语境和功能问题，从而更容易实现交流的目的。

七、日语教学与系统科学

在系统理论的框架下，知识对象被视为一个系统。在日语教学领域，知识对象特指日语教学本身。若将日语教学视为一个系统，我们则必须采用系统的方法来处理与之相关的各种问题。

系统是由众多相互联系、相互影响的部分（即要素）构成的有机整体，具有明确的层次结构和功能。在教育领域，对教育的各个组成部分——学生、教师、教材、课程——的研究历史十分悠久，这反映出人们倾向于将教育视为一系列独立的部分而非一个统一的整体。应用语言学研究往往专注于语言教学的客观性，却忽略了教学主体和教学环境的重要性，这与外语教学的基本原则相悖。因此，日语教学应当被视为一门系统科学。

第一，从系统论的视角审视日语教学，不仅有助于教师更准确地理解日语教学的目标，认识到日语教学是学校教育的组成部分，应当与教育的整体目标保持一致，而且要明确教师的教学职责，强调教学与学习之间的平衡。

第二，系统论的应用鼓励教师引导学生从宏观角度理解教学内容，构建系统的知识体系，而不仅是理解单一的课程或书籍。例如，在大学日语听力教学中，系统论的应用揭示了教学是一个与周边教学系统相互作用的整体，这要求教师要采用更全面的教学策略，如合作教学法，以提升学生的日语实际应用能力。第三，教师需要明确书籍和课程是学习材料的重要组成部分，因此要将学习重点放在书籍和课程上。第四，语言环境的不同为学生的日语学习带来了难题，因此，教师应充分利用现有学习资源为学生提供良好的外部语言环境和学习条件。

第三节　日语教学的基本原则

日语教学法体现了教授日语的指导性规律，并概述了依据特定教学法则来习得语言知识和技能的基本途径。不同外语教学机构基于其理论框架的差异，对外语教学方式的认知存在差异，这进一步导致了对各自教学法则理解的多样性。除了遵循普遍的教学法则，日语教学还广泛吸收了语言学、心理学、教育学等领域的理论精华，融合了多种教学流派的方法，从而制定了适合汉语背景学习者学习日语的基本原则。

教育的终极目标在于促进人的全面发展，而外语教育的目标则是掌握语言技能和语言运用能力，这需要通过教师的教学实践和学生的语言实践来共同实现。因此，日语教学的原则应当遵循教育政策的大方向，符合语言教学和学习的方式，并且致力于实现语言教学的核心目标。具体而言，语言教育的总目标是让孩子掌握基本的语言技能，包括听、说、读、写等方面的能力，并为将来的学习和生活打下坚实的语言基础。此外，外语基本能力的培养包括语音和听力的培养、语言表达能力的提升、语言理解能力的提高、词汇量的增加以及阅读和写作能力的提升，这些技能的培养对外语学习至关重要。日语教学原则可归纳如下。

一、以提高学生综合素质为目标的原则

在日语教学实践中，教师不仅需传授日语的基础知识与技能，还应引导学生在课堂内外形成正确的文化意识、思想观念、道德标准及人生价值取向。为了全

面培养学生，教师应致力于做好以下两方面的内容：

（1）在教学过程中，教师应着重挖掘并提升学生的智力潜能，同时注重智力水平的提升。外语学习中的智力因素包括语言感知力、观察力、记忆力、联想力、逻辑思维能力、创造力及自我驱动的学习能力等。

（2）教学活动应侧重于对学生听、说、读、写四种基本技能的训练和培养。一些专家认为，翻译技巧也是外语技能的一个重要组成部分。因此，在外语教学过程中，除了教授传统的听说读写外，还需加强翻译技巧的教授与练习，确保学生全面掌握并能应用语言。

二、有效激发学生学习动机的原则

"教师主导"作为教学活动中的显著特征，表明若缺乏教师的有效引导，学生在独立理解和掌握外语知识与技能方面将面临困难。

尽管教师在执行教学任务和确保教学质量方面扮演着核心角色，但学生才是教育活动的中心所在。教师的主要职责在于激发学生对日语学习的兴趣，赋予他们积极的学习动力，促使他们自觉主动地投入学习。若无法实现这一点，学生将难以真正掌握语言知识与技能，更不用说形成自己的观点了。

学习动机是学生参与学习活动的内在驱动力，也是激励学生持续学习的关键因素。学生参与学习活动不仅需要有学习动机，还需要一个能满足这种动机的学习目标。学习目标实际上也是一种学习的激励因素，因为它决定了学习的方向。学习目标与学习者的需要共同构成了学习动机的构成要件。

教师可以通过一系列教学措施有效地培养学生的学习动机：

（1）为了激励和鼓舞学生努力学习，可以采取设定目标、设立奖励机制以及选择合适的课程等方式。

（2）利用直观或实践性的活动激发学生的好奇心和学习动力，以此维持他们的学习热情。

（3）根据阿特金森的成就动机理论，为了激发学生力求成功的动机，教师应制订难度适中的学习任务，让学生能够获得成功的体验。

若学生表现出不同的学习需求，教师应尽可能地支持、强化和培养其学习动机。为了实现这一目标，教师应努力从以下几点着手：

（1）采用启发式教学、讨论式教学和辩论式教学等生动有趣的方法，提升学生的语言实践参与度，进而增强其语言能力和应用水平。

（2）营造安静舒适的学习环境，减轻学生的压力和缓解紧张情绪。

（3）明确竞争与合作的关系，认识到学习竞争对构建合作型课堂结构的影响。根据多伊奇的研究，如果在一个群体中，实现目标后的奖励形式有所不同，那么在这个目标实现的过程中，个体之间的互动形式也可能会有所不同。

实践证明，人类主要通过三种方式来进行沟通交流：对抗性的方式、相互促进的方式以及相互独立的方式。在课堂上我们通常会看到三种不同类型的目标结构：竞争型结构、合作型结构以及个人主义结构。

在竞争型目标结构下，小组成员的目标往往是相互矛盾的。在这种情况下，一个人只有在他人失败的基础上才能实现自己的目标；反之，如果其他人成功了，那么这个人成功的可能性就会相应减小。

实际上，教师可以采取多种方法和手段激励学生学习。若教师能有效运用这些方法激发学生的学习兴趣，学生将更积极主动且高效地投入学习。这样的学习过程不仅能加快学生对知识的吸收，还能全方位促进其发展，涵盖认知能力、社交技能及个人价值观的塑造。

三、教师指导和学生自觉学习相结合的原则

教育模式中"教师中心"与"学生中心"的对立，是教育学领域长期争论的核心议题。一方面，诸如休谟等学者坚持"教师中心主义"，强调教师的权威性与主导作用；另一方面，杜威等学者则提倡"学生中心主义"，重视尊重与发展学生的个性与主动性。

鉴于课程性质及教师角色，诸多论据支持教师在教学过程中占据主导地位，主要涵盖以下几个方面：

（1）作为教育政策与规划的执行者，教师在很大程度上发挥引领学生的教育路径的作用，并设定有期望的质量标准。

（2）教育是一个目标明确、规划周密的过程，人的成长往往在教师精心构建的教育环境中实现，任何课程设计、教案或教材均无法完全取代教师在个体成长中的关键作用。

（3）教师经过专业训练，积累了丰富的教学知识与实践经验，掌握了专业的教育技巧与有效的教学方法，这使得他们在指导学生学习时能够在较短的时间内取得最佳的效果。

尽管如此，"教师中心主义"的教学模式亦可能忽视学生的个体差异、限制创新思维等问题。因此，现代教育理论愈发倾向于融合这两种观点，寻求"教师主导，学生主体"的平衡，既强调教师的专业引领，又注重尊重学生和激发学生的主动性和创造性。如此，教育在传授知识的同时更能促进学生的全面发展，并着力培养他们的批判性思维与创新能力。

在教育过程中，学生既是主体也是客体。认识到学生的主动性是教师主导课堂的前提，而学生主动性的表现则是提高学习活动效率的关键。教师应引导学生自觉、积极地投入学习活动，自主理解并内化所学知识。

为了实现这一目标，教师需要深入了解每一个学生的特点。现代教育学主张因材施教，而非"一刀切"的教学方式。因此，教师在关注学生学业成绩的同时，还需深入了解学生的个性特征、家庭背景及生活经历等多元信息。

此外，教师还需要承认学生之间的差异性。学生的差异不仅是客观存在的，而且是有意义的。在设置不同年级日语课程目标时，教师应明确重点，并据此充分考虑学生的不同层面和个体差异，为每位学生量身定制个性化教育方案，而非一味提升学科的复杂度和深度。理想的教育不应该只是批量生产出一批批"模板化"的人，而应该是培养出一群具有高尚品格的人才。

四、设计不同类型语言学习环境的原则

中国日语教育的一个显著特征在于其高度依赖课本知识的传授。而语言作为一种生动的存在，尤其对于外语学习者而言，其个人生活和经历可能与该语言文化背景存在较大差异，甚至某些内容对他们而言可能是完全陌生的。此外，语言规则并不总是与现实世界中的语言使用完全一致。由于人类思维通常是由感性到

理性、由具体到抽象的过程，如果没有足够的感知和对具体事物的基本理解作为支撑，要真正理解语言的概念和文化知识是相当困难的。

书本知识与学习者之间的客观距离，可能导致他们在学习与理解语言时面临诸多挑战与困惑。因此，为了促进学习者的成长，提供丰富多样的语言形式及学习环境至关重要。这可以包括模拟真实的对话场景、利用多媒体资源、开展实践活动以及鼓励文化交流等多种手段，以帮助学习者更好地弥合书本知识与实际运用之间的差距。教师可以通过以下几点措施来实施这个原则。

（1）模拟直觉。通过照片、图表、模型等工具直观建模，以及幻灯片、录音、录像、电影、电视等多媒体手段来模拟直觉。虽然实物直观逼真有效，但受现实条件的限制常被闲置。相比之下，类直观形式在现代科技领域，尤其是教育应用中更具优势，某些技术能让各类模型以直观的方式呈现出来，不需要依赖历史和现实参照。

（2）语言直觉。语言直觉是指教师根据学生已有的知识和经验，运用语言描述促进学生的理解，通过图文并茂的讲解达到直观的表现效果。

与模拟直觉相比，语言直觉是最方便、最经济的方式，因为它可以大大克服时间、空间和物质条件的限制。但要注意语言直觉的效果在很大程度上取决于教师的素质和修养。

（3）利用信息技术，如智能手机和电脑，可以为日语学习者提供高仿真的语言学习环境，实现多维度的语言训练场景。例如，教师可以录制教学视频上传至云平台供学生下载学习，或指导学生使用日语发音学习软件，全方位掌握平假名和片假名。此外，学生可以利用在线词典和翻译工具，以及观看互联网视频和课件，精准掌握语言应用的特点和表现方式，从而在多元化的学习环境中取得更好的成果。

教师在日语课堂上创造良好语言和学习环境的基本要求有如下几点：

（1）选用恰当的直观教具非常重要。不同的课程、教学目标、任务以及学员的年龄段可能需要不同的直观工具来辅助教学。

（2）视觉呈现只是一种手段，而非最终目的。一般而言，当教学内容对学生来说显得复杂且难以掌握时，教师可以借助直观手段辅助教学。但需注意，过分依赖直观、浅显的教学方法可能会削弱学习效果。

（3）提高学生的直观理解能力至关重要。教学的核心目标是让学生掌握扎实的理论知识，而运用直观可以帮助学生亲身体验理解过程。因此，教师应当鼓励学生运用直观方法。例如，教师可以通过提问和阐释，引导学生细致观察、区分主次，并深入思考现象与本质、因果等关系。

（4）合理选用优质的教材同样重要，这样才能确保采用最有利于学生理解和学习的教学方法和技术，避免将宝贵的课堂教学时间浪费在形式主义上。

五、处理好汉语和日语的关系的原则

母语教学方法的多样性催生了两种主要的外语教学策略：翻译法和直接法。这两种方法对母语在学习外语过程中的角色问题上持有截然不同的观点。

翻译法充分肯定了母语在学习外语时的作用，它通常借助母语来阐释新的语言结构和词汇，通过母语与目标语言的对比来辅助学生理解和记忆新的语言材料。相反，直接法则反对过度依赖母语，主张在目标语言的环境中进行教学，鼓励学生直接通过目标语言来吸收新知识。

在日语教学的实践中，母语（汉语）与日语之间的关系会直接影响教学方法的选择和教学成效。由于日语和汉语属于不同的语系，这进一步强调了母语在学习外语时的复杂性和微妙影响。

从语言学的角度分析，汉语属于汉藏语系下的分析语族，拥有声调系统；汉字作为汉语的书写系统，是一种表意文字，同时它也承载了一定的语音信息。相比之下，日语的书写系统主要由片假名和平假名构成，它们都是音节文字，用于记录音节而非表达具体意义。日语通过在词语中添加语法成分来构建句子，即所谓的活动句子。这种句子结构较为灵活，主要用来表达语法功能，而不改变原句的基本意义。这些语言学上的差异表明，在教授日语时，妥善处理母语（汉语）与目标语言（日语）之间的关系至关重要。

在日语教学过程中，教师必须遵循基本原则，有效地协调母语与日语之间的关系。

（一）有效利用汉语的正迁移作用

语言迁移是指母语对第二语言习得产生的多方面影响，涵盖语音、话语模式、语法结构和语义理解等语言层面，以及心态、文化传统和社会历史背景等非语言层面。

中国学习者在日语学习过程中面临的主要挑战之一，是如何从母语汉语顺利过渡到日语。中国与日本有着悠久的历史交往，期间经历了多个相互影响的阶段。

在绳文时代，日本尚未形成成熟的书面语言。到了公元 4~5 世纪，随着汉字的传入，一些有文化的日本人开始使用汉字记录信息。随后，随着中国文化和政治体制的输入以及佛教的传播，汉字逐渐融入大多数日本人使用的语言中。日语的发音体系实际上源自那个时期汉字的读音演变。

在平安时代，日本深受唐宋文化的影响，片假名和平假名得以发展。片假名和平假名均采用了汉字的部首和草书形态，形成了独特的日语书写体系。这种体系的形成使得日语拥有了自己独立的文字表达方式，而不再完全依赖于汉字。

由于这种历史上的紧密联系，汉语对日语产生了深远的影响，这也反映在现代日语中。尽管汉语和日语在某些方面存在相似之处，但两者在语法结构、发音规则上的显著差异，仍给中国的日语学习者带来了不小的挑战。在教学中，理解并有效管理这种语言迁移现象对帮助学生攻克难关和提高学习效率至关重要。

中国和日本在历史上一直保持着密切的关系，这种关系源于两国在政治、经济和文化等多个领域的深入互动。因此在日语学习过程中，中日语言和文化的相互融合为中国语言学习者提供了独特优势，尤其在汉字使用方面，中国学生往往表现出色。作为东方儒家文化的一部分，中日两国还拥有共同的价值观和传统思维方式。例如，中日两国都强调"和为贵""仁、礼、诚"。由于文化差异相对较小，中国和日本的学习者在面对跨文化学习时通常能够较快适应这一变化。因此，有效利用中日两国在语言和文化上的相似性和亲和力，能够积极促进汉语知识和经验在日语学习中的迁移，是日语教师应遵循的原则。

在学习迁移方面，许多中国学生的第一外语选择是英语而非日语。这种东西方语言的学习经历更有助于培养学生的跨文化学习能力，而日语作为融合了众多外来词汇的语言，也被西方文化所熟知。

（二）努力克服母语的干扰作用

汉语和日语之间确实存在一些相似之处，这些相似之处有时能帮助中国学生更快地适应日语学习，但同时也可能带来一些困扰。

一方面，日语中包含大量汉字，这对于已经掌握汉字的中国学生而言，无疑是一个有利条件。然而值得注意的是，尽管日语中广泛使用汉字，但它们的读音、含义及用法往往与汉语大不相同，这要求学习者不仅要理解汉字的基本含义，还要学会它们在日语中的具体运用。

另一方面，日语的语音系统与汉语相比具有其特殊性。例如，日语中存在长音、促音和浊音等语音现象，这些都是汉语中所没有的。所以在学习发音时，学习者需要仔细区分这些差异，以避免误解。

此外，汉语和日语在句子结构上也存在显著差异。汉语通常遵循"主—谓—宾"的语序，而日语则通常是"主—宾—谓"的语序，谓语位于句子的末尾。这种语序上的差异对于习惯了汉语思维模式的学生来说是一个挑战。另外，在日语中，句子成分的位置较为灵活，由助动词决定，这也与汉语的习惯截然不同。

鉴于学习者的知识、水平和技能在很大程度上受到母语的影响，因此无论是日语初学者还是长期学习者，都可能在不知不觉中成为"说日语的中国人"。在这方面，教师的指导可以发挥至关重要的作用。教师应当精心挑选教材，合理安排教学时间，明确学习目标，并制订详尽的练习计划，直接切入主题，避免不必要的分析。此外，教学的重点应从单纯比较中日语言差异转移到如何在有限的教学时间内帮助学生克服母语的限制。教师应采取有针对性和系统性的教学策略，以有效帮助学生突破母语的障碍。

（三）学习母语使用原则

在研究普通外语学习者在外语思维能力上的不足时，我们发现，问题并不在于学习初期缺乏母语知识，而在于实际交际中外语的反复练习和运用所带来的影响。日语的学习和使用有两个不可避免的阶段：第一阶段，从日语翻译成汉语和从汉语翻译成日语的过程，这是初级阶段；第二阶段，只用日语思考且不翻译的过程，这属于高级阶段。

在外语学习过程中，学习者需要经历一个从"有意识变为无意识"的转变。最初，他们会借助母语来学习和使用外语，母语在此过程中扮演了中介角色，主要帮助他们理解和记忆外语词汇和概念。随着时间的推移，他们逐渐摆脱这种中介作用，建立起直接的外语词汇和概念之间的联系。这是一个涉及外语使用内在心理机制的根本变化。外语学习是一个不断跳跃的过程，而跳跃的关键在于重复练习。

那些能够有效掌握母语翻译过程的学习者可以划分为积极型和消极型两大类别。积极型学习者的自控能力强，能够自觉地避免将外语翻译成母语，他们的进步速度较快、口语水平较高、说话速度快。相比之下，消极型学习者则容易陷入母语环境，阻碍他们的进步。为了帮助学生突破母语束缚，实现学习上的飞跃，教师应积极引导他们培养"直接理解"的习惯，即直接用日语进行听说读写和思考，同时教师也应该尽量避免在课堂上使用汉语。

视频辅助翻译和纯日语翻译法是能够有效克服母语干扰，提升日语思维能力的教学手段。然而在教学中，我们需要恰当地控制并减少使用我们的母语——汉语，尽管无论是无限制地使用翻译法，还是无限制地使用直接法，都是片面的。虽然翻译法释义快捷方便，但它并非最优选择。因为在翻译过程中进行意译有时可能会带来风险，即由于语言间缺乏一一对应的精确系统，往往导致意义上的混淆，特别是当学习者对某些词汇含义把握不准时，一个单词可能有多个含义，如果将其翻译成多个中文单词只会增加记忆难度。所以，无论是从培养语言思维的角度，还是从准确识别和正确使用词汇的角度来看，日语教学都是更佳的选择。

不过，也有适合使用翻译法的情况。通常在以下情况可以使用中文进行翻译：首先，它能用日语准确翻译或解释难以翻译或难以直观理解的中文词汇、成语、短语和句子，从而节省学习时间。

其次，教师可以利用翻译法授课，确保学生准确掌握教材中的知识。

再次，在明确区分日语与汉语的规则和术语时，也可以使用中文进行翻译，以确保日语使用的准确性。

最后，必要时可以使用母语翻译来区分日语同义词的含义。

六、处理好语言知识教学和语言技能教学关系的原则

在语言学领域，"语言"一词通常指代语言系统的整体结构，涵盖语音、语法、词汇等关键组成部分。相对而言，"会话"则更多地指向语言的实际运用，包括听、说、读、写等交流行为。

在日语教学实践中，传统的以"语言"为核心的教学方法侧重于教授语言的形式和结构规则，以教师的讲解为主导，课程内容相对固定。而采用"会话"为中心的教学方法时，则更注重语言的实际应用和实践，强调以"学习者为中心"，课程内容也更加开放和灵活，能够根据实际情况调整话题、内容及语境等要素。

关于如何学习和提高日语，存在两种主要的理论观点：

习惯习得理论认为，语言是一种习惯体系，通过反复练习、模仿和记忆，直至形成新的习惯，便能习得外语。然而，这种方法过分依赖机械式的条件反射学习，忽视了主观能动性、逻辑思维以及理论知识在语言学习中的关键作用。

认知学习理论则认为语言学习是一种创造性的活动，重视获取语言智能，但并未对通过反复练习培养语言技能给予重视。

综上所述，要想有效学习和提高日语，需结合习惯习得与认知学习两大理论的优势，既强调反复练习与模仿的重要性，又注重培养主观能动性、逻辑思维及理论知识的学习。同时，还应注意语言的实际应用和实践，将理论知识应用于实际交流中，这样才能更好地提高语言水平。

要想掌握一门语言，其核心在于构建语言能力，这既是学习的基础，也是学习的终极目标。针对日语学习，其核心目标在于培养学生在交际过程中能够流畅且准确地运用日语。在日语教学过程中，语言能力的习得与培养应被视为同等重要的教学任务。

语言技能的掌握存在一定的局限性，词汇量和语法规则亦有其边界。只要配备与学生年级水平相适应的教材和知识内容，以及恰当的课程设计和教案，学生

便能在教师的指导下学习并提升其语言能力。而口语技能的提升则需要大量的时间投入。

奥苏贝尔的理论强调有意义学习的重要性，他认为学生应该通过同化新信息到现有的认知结构中，以增加知识的连贯性和稳定性。他还认为教师应该提供清晰的组织结构和概念框架，以便于学生吸收新的学习内容。因此，与传授知识相比，教师应将更多的精力和计划用于培养学生的听、说、读、写技能。

在讨论语言能力与语言教学之间的关系时，教师应考虑以下几个方面。

（1）课堂应在强调语言实践、严谨讲授的同时，将实践置于首位。理论知识对正确使用语言至关重要，但教育的真谛在于培养学生的语言技能，教会学生高效运用语言。众多教育学家建议，课堂上师生讲解与实践的比例应为1：5，确保学生实践时间远超教师讲解。

当然，教师的讲解也是非常重要的，特别是在语言材料的选择和全面准确地讲解方面。然而在讲解过程中，还需注意以下几点：

①练习要有科学性：教师应该设计出科学合理的练习题目和活动，让学生在做题的过程中逐步掌握知识点和技能点。

②练习要有目的性和实用性：教师应该明确每一项练习的目的，并确保练习内容与实际生活和工作密切相关，以便学生能够更好地应用所学知识。

③练习要有利于听、说、写等交际能力的培养：教师应该设计出多样化的练习题目，包括听力、口语、写作等方面的练习，以全面培养学生的交际能力。

④练习要符合学生学习外语的心理过程：教师应该根据学生的学习风格和心理特点，设计出适合他们的练习题目和活动，以激发他们的学习兴趣和动力。

总体而言，一名优秀的教师需精准传授知识点，并设计科学合理的练习与活动，助力学生扎实掌握语言技能，以便在未来的生活和工作中能够灵活运用。

（2）语言教育应聚焦于四种基本技能，关键是在每个阶段和不同环境中提升这些技能。

听、说、读、写既是教育的目标，也是教学的手段，四者相辅相成，共同促进。

听、说为口头技能，读、写为书面技能。外语学习通常从听开始，听是模仿、记忆的基础，为说提供范例与背景。阅读能拓宽学生的视野，促进写作、听力及口语的提升。写作则能增强语言表达的逻辑性与准确性。

听、读、写为获取和巩固语言材料的过程，说则是思想表达的方式。在日语教学中，我们应该在精听精读的基础上进行说和写的教学，通过听、读、说、写活动巩固所学的语言材料，全面提升口语能力。

（3）语言能力的教学应聚焦于课文、语音、词汇及语法的教学。

语言系统主要由三个基本元素构成：语音、词汇和语法。语音作为语言的物质表现形式，是人们所感知的声音；词汇作为语言的基础构成单位，是构建句子的基础；而语法则是连接这些词汇、构建句子的规则框架，它规定了词汇按照特定逻辑和顺序排列，进而形成有意义的语言表达。

外语教学大纲作为一种教学工具，通常包含按字母顺序排列的单词、句型以及语法元素列表。该大纲旨在为教师和学生提供一个明确的学习路线图，指导他们的教学和学习进程。然而，教学大纲仅作为一个框架和指南，并不能取代教科书或其他教学资源。这是因为教科书通常会包含更详尽的信息，例如详细的解释、实例和练习题等。

课文教学在传授语法、词汇和语音知识方面发挥着至关重要的作用，它将这三个要素紧密相连，共同构建起一个全面而系统的语言教学体系。通过对课文的分析和讲解，教师可以将语法、词汇和语音知识融入实际的语言应用场景中，使学生能够在实际的语言环境中学习和掌握这些知识。此外，课文教学还可以根据不同级别的语言技能要求，灵活调整教学内容和方法，以适应学生的不同需求和水平。

在写作教学中，有效的语音、词汇和语法教学是不可或缺的。因此，我们必须重视并单独教授这三个方面，以确保学生全面掌握语言技能。教师在精读课上要首先教授语法、词汇，再教授课文和练习；有些教师则先阅读全文，然后逐段讲解词汇和语法。这两种方法各有利弊。

在引入新知识时，有些教师往往会跳过课文，侧重于单个知识点的教学，这确实有助于新知识的快速掌握，但忽略了篇章和课文的整体学习，不利于知识的全面吸收。而逐项解读新知识点，则可能导致知识点难以系统化，同时也可能阻碍新知识在个体实践中的应用。无论采用哪种教学方法，做好教学方法的铺垫，有意识地克服弱点，才能保证教学方法的合理性和科学性。

初级阶段的教学重点是"听"和"说"，鉴于学生此时掌握的新知识较多且语法规则较为复杂，因此应先侧重于知识的传授，随后再加强写作训练，这样既重视了语言教学，也兼顾了写作教学。高级阶段的语言学习则主要是以阅读理解为主，这时更多的是对已有语法知识的应用和实践，而不是大量讲解新的语法规则。同时，词汇的学习也很重要，尤其是在高级阶段，需要扩大词汇量并深入理解词汇的各种含义和用法。不过需要注意的是，词汇的记忆不仅是机械记忆，还需要结合上下文理解记忆，这样才能更好地将词汇运用到实际的语言交际中。

另外，课文中的语文知识确实是零散、无序的，但如果能够进行系统的整理和归纳，就可以帮助学生建立起更有条理的知识结构，从宏观上理解并掌握知识。因此，教师在授课时须着重引导学生总结巩固知识，并尝试进行分类组织，从而构建个人知识体系。

（4）重视课堂内外知识的巩固与运用。在课堂上，学生需要通过反复练习强化来加深对知识的理解。为了在课堂上实施这一原则，教师需要遵循以下几点：

①基于意识的知识保持。认知所学知识是保持知识的基础。教师必须确保学生能够理解和吸收所学内容，这是知识保持的关键。

②按照记忆与遗忘的规律来设计训练，以增强记忆的持久性。教师应熟悉记忆规律，并将其灵活运用到教学活动中。

③除了传统的书面作业，我们还可以采用研究、制作和实践等多种教学方法，来帮助学生更有效地融合所学知识，促进他们的全面发展。这些方法可以增加学生学习的趣味性，激发他们的挑战精神，从而保持其学习兴趣和动力，提高学习效果。

④确保学生的身心健康。增加家庭作业量并不代表学生的学习参与更加有效，而无形的参与计划才是最重要的，同时也是对教师教学能力的重要挑战。

七、教学评价要促进教学质量的原则

教育评价在教育领域扮演着至关重要的角色，其主要职能在于衡量教育过程与成果是否达成既定目标，并为教育决策提供科学依据。教育评价不仅涵盖对教师教学活动的评价，还包括对学生学习成效的评价。

评价技术通常可划分为定量评价与定性评价两大类。定量评价主要借助数字和数据等手段对教育教学效果进行量化分析，常见的技术包括测验和考试。而定性评价则通过描述和评论等手段对教育教学效果进行主观分析，常见的技术包括观察和访谈。

教育评价涉及众多利益相关者，包括教育管理负责人（如校长、主管等）、教师及学生。在学校教育中，教师主要承担评价学生的职责，同时各级教育管理部门也承担监督与管理的职责。

评估技术则具有多种形式，如测验、答案核查、观察提问、作业检查及课堂评价等。这些评估技术旨在推动学生的学习进步和全面发展，包括知识技能的提升，以及智力、道德等方面的成长。

在日语教学法中，课堂评价原则主要关注教师如何对学生进行有效的评估，以下是对此的一些基本原则：

（1）明确评估的目标和受众：评估的目标应是明确且透明的，包括评估的目标、为何进行此评估以及评估结果的用途等。评估结果应向所有相关利益方公开，包括教师、学生及家长等。

（2）确定评估的具体内容和目标：每次评估都应有明确的内容和目标，例如评估学生的听力、口语、阅读或写作能力等，同时评估的目标应是促进学生的学习和发展，而不仅是作为考核工具。

（3）确定评估的准备条件：评估前，教师应明确告知学生评估要求及标准，确保学生准备充分。评估环境及条件需确保公平公正，避免对学生表现产生不利影响。

（4）客观、科学地确定评估信息：评估结果应客观公正，排除个人偏见。同时，评估的标准应是明确、可衡量的，以确保评估结果的准确性和可靠性。

综上所述，课堂评价原则旨在帮助教师更有效地对学生进行评估，进而推动学生的学习和发展。

八、强调跨文化交际能力的原则

外语教学的核心目标之一是培育学生的交际能力，这不仅包括语言能力，也涵盖社交能力。交际能力的培养不仅限于语言的使用，还包括非语言行为，这些行为深受文化和交际者文化背景的影响。

在日语学习的过程中，跨文化交际技能的培养显得尤为重要。为了实现真正的跨文化沟通，我们必须深入了解日本的文化。交际中的文化障碍是多方面的，它们包括语言和非语言沟通方式、社会规范、组织结构以及价值观念等多个层面。

语言沟通在文化意蕴、篇章结构、逻辑思维、翻译策略及其附加价值等多个维度上得以体现。非语言沟通则包括手势、体态、着装风格、语调、微笑、静默以及空间与时间感知等要素。社会规范通常指的是我们在交流中应遵守的规则和习俗。社会组织结构涉及家庭成员、同事、朋友、上级和下级之间的关系。价值观念则包括人们对自然的看法、道德观念、对生活的信仰以及世界观等各个方面。

因此在日语教学中，我们必须关注这些可能阻碍交际的文化因素，并有针对性地培养学生的跨文化交际能力，使他们能够更好地理解和适应日本的文化环境，从而更有效地进行沟通交流。

在培养学生跨文化交际能力的过程中，以下关键要素需应予以特别关注：

（1）掌握多元传播功能模式：此能力有助于学生理解不同文化背景下个体通过言语与行为进行沟通的方式，进而深入洞察其交流模式与意图。

（2）理解多元文化行为及其功能：此能力使学生能够认识到自身文化背景对其行为方式的影响，并能更深入地理解和接纳其他文化背景下个体的行为模式。

（3）认识多元文化的价值观、世界观与道德观：此能力将加深学生对自身文化的理解，并增进其对其他文化的认识与尊重。

（4）了解多元文化背景下个体的日常行为模式与非语言行为：教师应重点掌握此能力，他们需关注学生在特定情境下的行为表现，并理解这些行为背后的文化含义，以便更有效地进行教学与指导。

为在日语课堂上贯彻上述原则，教师应采取以下措施：

（1）明确跨文化能力教育的核心目标。具体而言，教师应帮助学生理解人的行为会受文化的影响，例如在社会中，个体的言行举止与其年龄、性别、社会阶层和居住地相关。培养学生获取和处理日本文化信息的能力至关重要。教师要激发他们对日本文化的好奇心，并鼓励他们亲身参与和日本人的文化交流，以更深入地理解日本文化。同时，引导学生探索日语单词和短语背后的文化内涵，通过实例欣赏和解读日本文化，培养他们获取、处理和组织日本文化信息的能力。

（2）跨文化能力的培养需运用一系列基本方法，如比较、交流、演示、实物与图片比较，以及讨论等。这些方法有助于学生从多个角度理解和接纳不同的文化。

（3）在教育教学过程中，应重视行为文化的融入，使语言学习与文化学习相辅相成，这不仅能提升学生的语言能力，还能加强其跨文化交际能力。

关于教育原则的定义，作者认为其应符合教育现代化的目标。教育现代化的核心目标是实现教育的民主化，涵盖教育机会均等、教育管理和行政的民主化、师生关系的民主化以及教育活动、教育方式、教育内容的民主化，同时提升教育主体性。其中，教育民主化包括平等接受教育的权利，以及为每个人提供发掘自身潜力的机会。同时，需构建一个民主且包容的教育环境，以优化师生在学习、工作及生活各方面的体验。

关于教育主体性的定义，作者认为包含两个层面的意义：一是尊重学生的独立性，让他们自由地发挥自己的潜力；二是尊重教育的自主性，即尊重教育本身的独立性，打破传统束缚，包容教育的多样性，培养具有鲜明个性的新一代人才。

第四节　日语教学的目标体系及相关要求

在日语教学实践中，每一项学习活动均应以明确的教学目标为指导。尽管日语教学理论已为我们提供了若干基础语言知识与技能的标准，但在此基础上，我们仍需进一步细化具体的能力目标。

根据教育部日语专业本科教学大纲的指导原则，日语教学目标框架可划分为两个主要阶段：能力目标与内容目标。能力目标着重于培养学生各项技能的提升，涵盖听说能力、语言交际能力等；而内容目标则侧重于培养学生对日语基础知识和技能的吸收，如词汇量的积累和语法知识的掌握。这两个方面相辅相成，共同促进学生日语学习的持续进步。

一、日语教学的内容目标及相关要求

大学日语课程涵盖专业课程、必修课程及选修课程。课程设置较为多样，包括课程名称、持续时间、周课时数以及每节课的具体要求等方面均存在差异。基于中国各级日语教学大纲以及国际日语能力测试对各级别的要求，以下将介绍基础阶段与高级阶段日语教学的目标与要求。

（一）基础阶段教学的内容目标及相关要求

针对大学一年级及二年级的日语课程，无论是公立大学还是私立学校，其日语学习均需遵循以下要求：

（1）确保每年至少有 500 小时的教学时间。在两年内，学生应掌握现代日语的基本语音、语法和词汇，具备听、说、读、写能力，并能在口头和书面表达中准确运用日语。

（2）学习日语语音基础知识，达到基本正确的读音和发音水平，无明显语音错误，符合标准发音。

（3）准确掌握日语语法基础，深入理解其核心内容及难点，确保在实际交流中能准确运用，避免出现重大错误，从而保障语言的交际效能。

（4）根据日语能力考试（JLPT）的标准，N2 水平需要掌握的单词量在 1500 到 2000 个之间。然而，这是最低要求。在实际备考过程中，考生往往需要掌握更广泛的词汇量以应对考试中的多样化题型和语境。根据一些备考资料和经验丰富的教师建议，准备 N2 级别考试的考生实际需要掌握的词汇量可能高达 6000 到 8000 个，其中包括约 1000 个汉字。这些词汇广泛覆盖日常生活、小说、新闻、广告、电视、杂志等多种场合，只有充分掌握才能确保考生能够应对各种语境下的交流需求。因此，备考 N2 级别的考生，也就是基础学段的学生应注重词汇的积累和运用，不断提升自己的日语综合能力。

（5）在听力理解方面，学生需达到以下能力要求：一是能够理解包括对话、讲座及广播节目在内的多样化语料；二是学生应具备把握说话者意图及其隐含意义的能力，并能准确捕捉讲话的主旨；三是听力技能涵盖语境辨识、主题辨识、即时反应和综合理解等方面，听力能力培养旨在全面提升学生的听力理解能力。

（6）日语口语交际能力要求通常涵盖以下方面：一是流利的日语口语表达能力，确保能够准确、清晰地进行日常交流；二是掌握基础日语会话技巧，包括倾听、提问、回答及表达意见等，以适应不同交际场合的灵活运用；三是理解并运用常见的日语口语表达模式及惯用语，以丰富口语表达的多样性；四是具备一定的日语文化背景知识，能够在口语交流中恰当融入文化元素，提升交流的深度；五是积极参与口语练习和会话活动，持续提升口语能力，勇于探索新的表达方式和语言点。

（7）阅读理解能力的要求：一是应具备解读新词汇量不超过 3% 且不包含新语法结构的各类题材文本的能力，并能准确发音及表达思想；二是在不借助词典的情况下，能迅速阅读与教学内容难度相当的文章，并理解其主旨，且用日语进行口头表达；三是应能利用词典阅读并理解非专业领域的日语报纸和杂志。

（8）写作能力的培养目标可细化为以下五个维度：一是语言表达能力。学生须具备运用日语进行书面表达的能力，确保语法无误、词汇量丰富、句式结构明确，并能实现表达的精确与流畅性。二是写作技巧。学生应掌握不同文体的写作特征，包括但不限于议论文、说明文、记叙文等。在写作时，应能根据文体特点合理构建文章架构，恰当运用修辞手法，以增强文章的说服力与感染力。三是文化素养。在写作实践中，学生应展现出对日本文化的深刻理解和尊重，避免文化误读与冲突。通过融入日本文化元素，提升文章的深度。四是逻辑思维。学生须具备明确的逻辑思维，围绕中心论点展开有序论述，确保条理清晰、逻辑严密，避免逻辑矛盾或偏离主题。五是创新能力。鼓励学生展现创新精神，勇于探索新颖的写作风格与表达手段，赋予文章独特的创新价值。

（二）高级阶段教学的内容目标及相关要求

日语专业三、四年级的学生需持续提升听、说、读、写、译的技能，同时拓宽自身视野，深化对日本文化和文学的理解。

在此阶段，大学日语扩展课程有以下要求：

（1）知识结构的目标。在这个阶段，日语教学应该从单纯的语言技能训练转向传授语言理论、相关学科知识和理论，并且要根据专业的特点，挑选合适的重点和内容。因此，各校需根据自身定位和发展目标设定课程，明确课程目标：

①掌握扎实的日语语言理论基础，包括日语语言学、音韵学、形态学、句法学、语义学等方面的知识。

②熟悉日本文学、历史、文化、社会等方面的知识，能够理解并分析日本文化现象，具备一定的跨文化交际能力。

③掌握日语教育理论与实践，了解日语教学方法和技巧，为未来的日语教育或培训工作打下坚实的基础。

④具备将日语应用于专业领域的能力，如商务、翻译、旅游等，能够运用日语进行专业沟通和研究。

⑤培养学生在日语环境下的自主学习能力和批判性思维能力，能够独立思考、分析问题，并具备一定的创新和研究能力。

（2）语言目标。日语专业大四学生在听、说、读、写和翻译五个维度的要求如下：

①听的目标。能听懂日语演讲和对话的主要内容，并能快速反应和准确理解。能听懂带有当地口音的电视节目、现场采访和日本人的演讲，理解其主要内容和关键情节。

②说的目标。能够用日语表达自己的想法和感受，且能与日本人进行自由交流。在较少准备的情况下，能够即兴用日语发表演讲和学术观点，并在讨论和辩论中就熟悉的话题表达自己的观点。能够根据场合和话题使用适当的表达方式，特别注意词语的正负含义、敬语的使用以及对语气和色彩的认识。

③读的目标。能够读懂现代日语，包括一般日文作品的主旨及写作意图，并能概括总结其主要内容。能够独立分析作品的主要观点、结构框架、语言技巧和文风。能够读懂古文、古典作品和涉及日语的文章的基本意思，如古文、和歌、俳句等。借助补充材料及参考资料，能够阅读并理解经典作品及文章的核心意义。

④写的目标。能用标准的日语格式书写信件、研究报告和其他文件，且能做到准确、清晰。能够撰写描述性文章、议论性文章以及有广度和深度的文章。能够以每小时 600 至 700 字的速度进行写作，确保概念成熟且表述清晰。

⑤翻译的目标。在日常生活中无须事先准备即可进行翻译。经过充分准备后，能在政治、经济、文化等领域进行翻译，准确表达原文意思，并区分词语含义及说话者心理状态。能够将各种文章译成现代日语，也能将其翻译成古文。在汉译日方面，翻译速度相当于《人民日报》每小时发表的字符数量，约为 1000 个日文字符；在日译汉方面，每小时翻译的字数为 500 至 600 字。翻译文学作品时，需确保意境风格与原文一致，且核心内容表达精准无误。

（3）实践教学目标。在日语课程的高级阶段，毕业论文与毕业实习是该阶段的主要内容。只有成功通过期末考试的学生才有资格撰写毕业论文。毕业论文不仅锻炼学生的学术写作技巧，教师通过指导教授他们撰写学术论文的方法，从而增强他们分析和解决问题的能力。论文的主题必须与专业紧密相关，能够体现作者的独到见解，并有相应的参考文献支持，字数通常在 6000 至 8000 字之间。

实习安排的目的是让学生将理论知识应用于实际情境中，弥补课堂学习的不足，巩固所学知识，并提高解决问题的能力，从而帮助学生更好地适应社会。

随着高等教育人才培养质量和标准的持续改进，社会对外语专业人才的需求也逐渐从研究型转向实践型。为了适应这一变化，各高校正在重新评估并积极进行改革，关注实践课程的设置、科目类型、教学课时、考核方式等方面的调整，并尝试引入新的实践方法，例如更新教材、安排毕业实习、出国实习等。

一些大学为日语专业的学生提供了为期六个月的海外实习机会；其他大学则将日语专业学生的实习时间从六周延长至四个月，并精心安排实习与工作实习在大三至大四的不同学期交叉进行，以便学生更有效地与社会建立联系；还有些大学实施了分层次、有针对性的语言实习计划。实习结束后，由实习中心的主管和教师对学生的工作态度、工作成果以及实习或社会实践报告进行综合评价。

二、日语教学的能力培养目标

（一）语言知识能力培养目标

语言构成了一个统一的系统，其核心要素包括语音、词汇和语法。在日语的学习过程中，掌握这三个要素既是基础，也是语言理论知识教学的核心。通过学习语言理论，学生能够更深刻地理解语言的含义，掌握语言的规则，并学会如何有效地使用语言进行沟通。

1.语音技能培训的目标

语音技能培训的目标在于使学生掌握日语的发音，涵盖元音、辅音、声调和节奏等方面。有效的语音训练需考虑遗传和后天学习的因素，包括基因和生理条件等。通过系统的语音训练，能够培养学生正确的发音习惯，提升学生的语音识别和产出能力，从而使其更加自信地进行日语口头交流。

学生要能够辨识日语的音素，准确地模仿日语发音，控制听觉与动觉的发音过程，协调发音动作，并掌握自动语音控制。另外，还要能理解和模仿日语的各种口音。

2. 词汇能力的培养目标

在词汇能力的培养方面，视觉记忆扮演了关键角色。良好的视觉记忆能力有助于学习者更容易地记住单词的拼写和形状。此外，迅速理解单词含义，并记忆短语、表达方式及成语的能力也极为重要。能够快速识别日语单词，并准确找到表达思想所需的词汇，也是至关重要的技能。

3. 语法规则能力的培养目标

在语法规则能力的培养方面，培养学生区分不同类型的单词和句子成分，深入理解日语词汇的结构及其语法特性，是基础中的基础。此外，还要确保学生能根据语法规则转换单词并组合成句子，能快速准确地识别和再现不同的句法结构。正字法写作和阅读能力以及修辞能力的培养也极为关键，它们能帮助学习者更深入地掌握日语的词汇和语法特性，以及在不同语境中的应用。

（二）日语技能能力培养目标

语言习得理论明确指出，听、说、读、写构成了外语学习的四项核心技能。同样，翻译也是日语学习中需要掌握的一项技能。这些技能的提升对于深入理解并运用日语至关重要。

1. 听解能力培养目标

听力是掌握日语知识和技能的关键途径之一。听解过程涉及多种感官和思维能力，包括感知、记忆、分析、归纳和综合。因此，听力练习不仅能提升我们的听力技巧，还能锻炼我们的智力。

听力理解能力具体包括快速捕捉信息、区分声音类型、适应日语语速、即时理解、信息归纳和推理结论等。通过专门的听力训练，学生可以提高这些能力和技巧，从而更有效地理解和使用日语。

2. 会话能力培养目标

会话，即口语，是指无须过多分析或翻译，就能迅速用外语表达想法的技能。会话不仅是复习知识的过程，更重要的是能创造性地组织语言素材，表达个人想法的过程。

根据口语的心理测量特性，可以将口语能力概括为以下几点：

（1）运用所学语言材料自由、创造性地表达自己的想法。

（2）关注对话的内容而非表达形式。

（3）快速思考和运用语言。

（4）在对话过程中用日语思考。

（5）应对特定话题对话的能力。

（6）口头交流的能力。

（7）对特定主题进行无翻译的日语交流的能力。

通过会话课程的学习，学生将了解会话的心理本质，学会如何提高会话技能，从而更加自如地用日语进行口头交流。

3. 阅读能力培养目标

阅读无疑是掌握语言技能的关键工具。它不仅能让我们进行间接交流，还能拓宽视野，丰富知识。

在网络技术发达的今天，网络阅读已经变得越来越普遍，丰富的日语阅读材料为学生提供了更多的学习机会。阅读理解是培养其他语言技能的核心环节，通过阅读，学生能理解单词、短语、句子结构，并把握文章主旨、作者思路及句子、段落间的关系，还能准确辨认代词指代。

阅读理解教学的目的是帮助学生了解阅读的心理特征，掌握有效的阅读策略，提高学生的阅读理解能力。通过不断的练习和反思，学生可以逐渐提高自己的阅读水平，更好地理解和运用日语。

4. 写作能力培养目标

写作是一种利用文字进行信息传递的语言活动，它不仅是语言交流的一个重要形式，同时也是语言创作的一个过程。随着网络技术和社交媒体的发展，日语写作的应用场景十分广泛，涵盖了书信、公文、学术论文、文学作品以及网络信息的传递等多个领域。因此，对写作能力的要求也在逐步提高，写作能力的学习也成为日语学习中重要的一部分。

写作能力具体包括遣词造句、提炼素材、语言运用、灵感汲取、思维组织和构思布局等多个层面。写作教学的目标是让学生了解写作的心理本质，掌握写作技巧，从而提升写作水平。通过不断的练习和反思，学生可以逐渐提高自己的写作能力，更好地表达自己的想法和情感。

5. 翻译能力培养目标

翻译是一种将信息从一种语言准确、流畅地传递至另一种语言的方式。根据译者在翻译中采用的文化线索，翻译可分为归化翻译（意译）和外语翻译（直译）等类型。根据翻译任务在目标语言文化中的预期角色，翻译也可分为工具翻译、文件翻译等类型。依据语言的形式和内涵，翻译可被划分为语义翻译和形象翻译两种形式。根据译者看待原文和目标文本的角度，翻译又可分为文学翻译和语言翻译两大类。另外，根据翻译所采用的媒介，翻译可分为口译、笔译、视译、同声传译、机器翻译、计算机辅助翻译以及电话翻译等多种形态。由于上述分类仅涉及听觉和符号语言形式，因此本书重点讨论口译和笔译的翻译能力。

（三）跨文化能力培养目标

跨文化学习涵盖三个核心环节：跨文化接触、跨文化理解和跨文化交际。跨文化接触环节涉及将其他文化中的个体特质融入自我，并有选择地吸收文化的特色。跨文化理解环节则要求对日本文化中的深层含义和思想观念进行全面的认识和理解，学生的个人价值观和态度会直接影响其跨文化理解和意识的形成。而跨文化交际环节则侧重于如何避免与日本文化的冲突，如何达成预期目标，以及如何实现有效的沟通。

在日语学习的过程中，跨文化能力的培养不仅限于学习他国文化，更在于提升对多元文化的敏感度、适应力及沟通技巧的能力。鉴于日语学习的特点，跨文化能力可以体现在决策技能、问题解决、创造性思维、批判性思维、高效沟通、人际交往、自我认知、同理心、移情、情绪调控以及管理焦虑等方面。

决策技能是指确定个人真正想要实现的目标和必须采取的行动的能力，以便制定目标和行动方案；解决问题的技能，包括制定目标，特别是确定问题和选择解决这些问题和目标的最佳方案的能力；创造性思维技能，即创造性地将所收集的信息结合起来，以制订独创性想法和计划的能力；批判性思维技能，是指客观分析信息和经验的能力；高效沟通的技能，涵盖口头和非口头表达的能力；人际交往技能，是指与他人保持良好关系的能力；自我认知的技能，涉及了解自己的个性、优缺点、喜好、偏好、兴趣和厌恶；同理心则是指与他人和谐相处的能力；移情，即与他人的意见、情感、态度和情绪相联系，某种程度上与自我认知重叠，但更侧重于对他人的理解；应对恐惧的能力，指理解并克服跨文化学习中出现的恐惧；应对情绪的能力，即认同他人观点、感受等，同时保持自我独立；控制情绪的能力，是调节激动、愤怒和悲伤等，不被情绪左右；管理焦虑的能力，则是通过了解跨文化学习中的焦虑动因，采取相应行动减少个人焦虑，亦称自我调节的能力。总之，跨文化教育的目的是帮助学生了解跨文化交际的心理特点，培养跨文化交际能力。

（四）情感教学能力培养目标

格尔曼的情绪智力理论通过五个维度对情绪学习进行了深入的剖析。这些维度涵盖了自我认知、自我引导、自我修正、激发共情情绪以及社会适应性。

基于上述理论框架，日语学习的能力与态度可概括为以下几个方面：

（1）学习动机与兴趣的培养能力：激发学生内在的学习欲望，引导他们发现并享受学习的乐趣，使学习过程更具吸引力且更持久。

（2）学习积极性的调动：激发学生学习的主动性，鼓励他们积极参与课堂活动，逐步培养自律且高效的自主学习习惯。

（3）情绪调节能力：培养学生掌握情绪管理的技巧，保持乐观的心态，面对挑战与困境时，能够迅速恢复冷静并妥善应对。

（4）语言实践的积极参与：鼓励学生勇于开口使用日语，不惧怕犯错，积极投身于各种语言实践活动，不断提升语言运用能力。

（5）合作能力的培养：设计团队活动，给予学生团队合作的机会，使他们擅长与他人协作，认识到团队合作的价值，能够在小组活动中发挥积极作用。

（6）探索精神与坚持能力：鼓励学生敢于面对未知，不畏艰难，遇到挑战时不轻易放弃，始终保持坚持不懈的精神。

（7）困难克服能力：鼓励学生勇于面对学习中的难题和挑战，能够找到解决问题的策略，不断提升自己解决问题的能力。

（8）综合素养的培养：引导学生树立自信，锻炼毅力，掌握人际交往的技巧，构建和谐的人际关系网络。

在教学过程中，教师应注重培养学生的这些情感态度，帮助他们适应学习的心理特点，充分挖掘并发挥自身的潜力，以期获得更佳的学习成果。

（五）策略学习能力培养目标

学习策略是学习者获取知识和技能的一系列方法和工具，涵盖认知策略、调节策略、意志策略和交际策略四种主要类型。外语能力的提升不仅受到教学策略的影响，还应体现在学习者在学习过程中的实际操作上。选择恰当的教学策略是日语能力提升的关键因素。

名古屋大学教育研究生院的伊藤崇达对归因、学习策略和自我效能感之间的关系进行了研究。研究结果显示，失败的归因与学习动机无关。他发现，适应性学习策略与自我效能感之间的联系比认知性学习策略更为紧密，适应性学习策略对自我效能感的影响更为显著。例如，日语专业学生的时间管理倾向与自我效能感以及学习动机的社会取向、求知进取、小群体取向、个人成就之间存在显著的正相关性。

这项研究强调了自我适应学习策略在学习成功中的重要性。若将学习困难视为暂时的挫折，那么克服这些困难就需要调整学习策略。

基于上述理论，策略性日语学习能力可概括为以下几点：

（1）选择高效的理解、记忆及联想方法的能力：学习者探索适合自己的学习技巧，如关联记忆、图像记忆等，以增强理解和记忆。

（2）制订恰当的预习与复习策略的能力：根据个人学习习惯和需求，学习者可以规划合理的预习及复习计划，确保知识点的有效掌握。

（3）有效掌握知识和概念的能力：学习者能够抓住知识点的核心，深入理解并熟练掌握，做到举一反三，触类旁通。

（4）学习者通过探索日语学习规律，积极尝试新方法，寻找最适合自己的学习路径，以提升学习效率。

（5）学习者能够调节身心机能，保持健康状态，可以做到合理安排作息，确保精力充沛。

（6）学习者能够恰当自评，定期评估学习进度，发现问题后及时调整策略。

（7）学习者有意识地监控自我学习状态，保持警觉，同时注重注意力和效率。

（8）学习者能够控制学习节奏，确保质量，同时兼顾效率。

（9）学习者能够自觉管理学习，合理规划时间，有效分配任务，从而维持良好的学习秩序。

（10）学习者在学习的过程中能够发现并借鉴他人的方法，吸取经验，完善自我。

（11）在小组中学习的能力：学习者擅长团队合作，能够与他人共享资源和经验、共同进步。

（12）选择适合自己个性和心理特点的行为的能力：学习者能够根据自己的性格和心理特质，选择最有利于自己学习的方式和行为。

（13）促进有效交流的能力：学习者有意识地主动加强与他人的沟通互动，促进彼此间的学习交流，提高信息分享的效率。

培养学习策略能力的核心，在于使学习者深刻洞察自己在学习过程中的心理机制，精通并灵活运用多样化的学习方法和策略，从而实现自主、高效的日语学习目标。

第二章 日语教学的相关理论及其
具体应用

第一节 认知语言学理论及其
在日语教学中的应用

一、认知语言学的主要理论

认知语言学，作为语言学的一个关键分支，从认知心理学的视角深入剖析人类语言习得及语言现象的内在规律性。其产生时间可追溯至 20 世纪 60 年代末期，并在随后的数十年间在全球范围内迅速发展，对语言教学产生了深远的影响。

乔治·莱可夫，是一位杰出的美国哲学家和认知科学家，其著作《女人、火以及危险事物：哪些范畴揭示心理》被广泛认为是认知语言学领域的里程碑之作。该书深入探讨了隐喻和类比在我们理解与构建世界中的核心作用。1989 年举办的首届认知语言学国际会议，进一步促进了这一领域的全球性发展。

尽管认知语言学已取得显著进展，但它仍被视作一个新兴且不断发展的学科。由于涉及众多子领域和交叉学科研究，认知语言学至今尚无统一且全面的定义。然而，大多数学者一致认为，认知语言学的核心在于研究人类认知规律与语言之间的相互作用。

认知语言学的应用领域十分广泛，尤其在大学外语教学中，它为解决一些长期存在的问题提供了新的视角。例如，通过理解人类认知过程如何影响语言学习，教师能够设计出更有效的教学策略，帮助学生更轻松地掌握外语。同时，认知语言学也有助于阐释一些传统语言学方法难以解释的现象，如隐喻、转喻等语言构造背后的认知机制。

（一）认知语言学的研究目的

认知语言学致力于揭示支撑语言现象的认知规律，并以此规范性地描述语言。该学科认为语言并非孤立存在，而是人类认知的一部分，受到人类思维方式的影响和塑造。它专注于探索人类认知的模式，通过分析语言结构来揭示隐藏的认知路径，并以此为基础，统一解释各种语言现象。

早期的认知语言学理论对语言现象的分析方法各具特色，有的从语义凝聚力出发，有的关注词句层面的语法，有的侧重对话的意义解读，还有的采用言语行为理论等。然而，这些理论都未能全面且准确地把握语言的语义、语法及对话各要素的本质。

认知语言学旨在简化和统一语言分析方法，使用较少的规则来解释复杂的语言现象，并找到合适的认知方法将语义学、句法学和语用学联系起来。

认知语言学家们致力于探索人类思维模式如何影响语言结构和使用。他们期望探索出一种基于认知的方法，将语言现象统一于一个理论框架内进行描述和阐释，且该方法能跨语义、句法、语用等多个层面。

尽管以往的语言学理论采用词汇聚合、句法结构、会话含义等多种分析方法，却未能全面捕捉语言的多元维度，致使语言现象的复杂多样性未能得到充分阐释。与过去的多重分析路径相比，认知语言学致力于整合并精简这些方法，试图通过少数通用法则去解析表面繁复多样的语言现象。这种努力旨在发掘语言的内在联系，并寻求合适的认知路径，以联结语义学、句法学与语用学等领域，为语言体系提供一个和谐统一的视角。

认知语言学认为，只有深入探究语言背后的认知机制，人们才能真正理解语义、语法等语言现象的复杂性。那么，究竟是什么样的认知模式驱动了语言呢？认知语言学及其科学研究的核心关注点集中在体验、分类、概念化、认知图式、目的图式、隐喻、转喻、联想、知识及阐释等一系列认知模式上。借助这些认知模式，认知语言学者得以解析语言的各种面向，并为语言作出连贯性的解释。例如，隐喻和转喻可用于探究词汇与语法的发展历程，而分类则是概念形成的关键机制。

我们看待世界的方式在很大程度上决定了我们的概念结构、语言表达方式、使用习惯及理解深度。正是个体认知与概念结构的差异导致了语言发展的多样性。这表明，即使面对同样的事物，人们也可能因其独特的视角而感受到不同的特征，甚至为其赋予不同的名称。

认知语言学认为，语言与人类的认知规律及广泛的知识体系之间存在着紧密的联系。想要透彻解析语言，我们就需要考虑人的认知、概念知识、社会实践及其话语功能。

（二）认知语言学的核心内容

在认知语言学领域中，认知语义学与认知语法学是较为先进的分支。认知语义学作为认知语言学的核心组成部分，与认知语言学的多个方面相互渗透、交织在一起。本书特别关注"语言学习"中的词语意义理解，因此认知语义学与本书密切相关，以下将对其作简要概述。

认知语言学与许多其他语言学派不同，着重于意义导向，强调认知在语言研究中的核心地位，认为人们的认知与概念、意义紧密相连。因此，认知语言学被视为一种意义导向的语言学，其主要内容建立在认知语义学的基础之上。

认知语言学的核心原则围绕"现实""认知"和"语言"这三个概念展开。认知界定了语言与外部世界的联系，成为连接现实与语言的关键桥梁。现实世界是认知的物质基础，认知则是对现实世界的内心加工与解读。因此，"认知"和主观想象力在"现实"与"语言"之间的联系中占据了核心位置。

语义学本质上是经验论的，源自人们与世界互动的经验，以及我们对事物的理解，它与人类认知息息相关。因此，研究语义学时，需兼顾认知与实用性两个维度。

认知语义学的核心观点是，人类对现实世界的理解与表达是通过我们的思维概念范畴来实现的。换句话说，语言所呈现的现实结构实质上是我们思维运作和理解的产物。因此，语言学研究的焦点应当转向人类的思维过程、认知模式以及如何构建和理解概念。

在这个理论框架下，认知语义学认为，语言的意义根植于人们对事物的感知与体验之中，是人类经验概念化的产物。在此领域中，概念化作为一种认知过程，不仅涵盖已形成的概念，还深入探究这些概念的形成过程，凸显了人类的创新本质及意义的动态演变。

人们根据经验构建类别，这些类别与特定的概念相联系，并且能创造出意义。可以说，意义是概念化的过程和结果。概念化是一个深度涉及人类经验、类别划分、概念形成和推理的认知过程。认知语义学的终极目标是深入理解分类过程、概念体系、认知模式、推理机制、隐喻作用等，并揭示语言形式如何反映和体现这些复杂的认知过程。通过这样的研究，我们可以更深入地理解语言与人类思维之间的紧密联系。

（三）认知语言学研究应遵循的原则

认知语言学作为一门跨学科研究领域，融合了认知科学与语言学的理论与方法。该领域基于人类的经验和对世界的理解，对语言现象进行了深入探讨。在认知语言学的理论框架中，语言并非孤立的语法体系，而是尝试阐释语言现象背后的认知规律，并运用这些认知原理对语言进行深入阐释。

认知语言学研究的核心原则强调现实、认知与语言三者之间的动态互动关系，这一点至关重要。现实世界与语言之间存在认知中介，二者并非直接对应，而是通过人的经验感知与认知处理相互塑造。这种互动模式可以概括为：客观环境→认知处理→概念形成→语言符号表达。

现实环境塑造认知，认知决定语言的使用与理解，而语言反过来也反馈并影响认知过程。因此，认知与语言之间存在着一种辩证统一的关系。语言被视为一种认知现象，是认知的具体体现，是人类在与现实世界互动过程中经验和认知过程的产物。语言能力是我们整体认知能力的一部分，反映了我们理解和解释世界的能力。因此，研究语言就是研究人类的认知机制和思维过程。

认知语言学主张语言理解应基于认知过程，并强调语言与认知研究的紧密结合。具体来说，这一学科专注于探究在语言生成、语言学习、语言运用和语言理解等各个环节中，认知因素所决定的一般模式，以及语言知识与思维过程和记忆结构之间的相互联系。

综合而言，认知语言学的核心任务是揭示隐藏在语言现象背后的认知规律，并利用这些规律构建和解释语言的普遍规则。这包括分析语言使用者如何运用认知操作来生成与理解语言，以及认知过程对语言形式与意义的影响。通过这样的研究，认知语言学旨在提供一个更为深入和全面的理解语言的框架，从而推进我们对人类语言能力和认知机制的认识。

二、认知语言学理论在日语教学中的作用

认知语言学作为一门跨学科研究领域，采用哲学视角审视人类经验，以物理体验与认知过程为基础，其核心目标在于解析语言意义的构成。该领域通过认知模式与知识结构，系统性地阐释语言现象背后的认知规律。

教育从业者应重视并推动学生认知能力的发展，以此完成对学生语言思维能力的培养任务，特别是实现创新性语言应用能力的提升。在日语基础教学阶段，认知语言学理论指导下的认知教学法显得尤为关键。

该教学法着重于通过认知规律的理解与应用，引导学生主动构建与深化对语言知识的认识。它倡导学生从个人认知经验与思维模式出发，通过互动、探索与实践，逐步掌握语言规则与应用。此外，认知教学法亦强调元认知能力的培养，促使学生学会自我监控与调整学习策略，进而提升语言学习效率。通过此法，学生不仅能掌握语言的基础知识与技能，还能发展独立思考、解决问题与创新表达等高级认知能力，从而全面提高自身语言素养与跨文化交流的能力。

（一）教科书强调词语的核心含义和词语之间的语义关系

当前，日语专业教材在词汇与语法教学方面存在显著的碎片化与机械性问题。教师普遍采用罗列法和例句法来阐释语法，但对词汇教学并不重视，通常仅限于提供单词及其简短的中文释义。

在此教学模式下，学生在学习语法时往往仅能机械记忆特定用法，而对这些用法之间的内在联系及差异缺乏深刻的理解。在词汇学习方面，学生仅依赖简短的中文释义，导致词义理解模糊不清。

随着词汇量的持续增长，学生在面对众多相似词汇时可能感到困惑，难以准确区分其含义与用法。这种机械、碎片化、模糊且被动的记忆方式，无疑增加了记忆与理解的难度，长此以往，学生的主动思考能力可能逐渐减弱。

因此，采用认知语言学中的原型范畴理论来优化教材编写与教学方法，能够有效解决上述问题。认知语言学理论认为，在一词多义现象中，尽管词义多样，但其本质含义是相似的，词义演变具有特定的使用范围与规律。

在教学实践中，可采取以下策略：

（1）对于具有多重含义或多种用法的词汇，采用树状语义结构图来直观展示各意义与用法之间的内在联系与层级关系。此法有助于学生认识到词汇含义并非孤立的，而是相互关联成网，从而加深其理解和记忆。

（2）在讲解单词或语法知识时，教师不仅要列举其表面用法与含义，还要揭示其潜在的、深层次的含义，并探讨这些含义与人类认知结构、经验及文化背景的联系。这些都有助于加深学生对词汇和语法现象的理解与记忆。

（3）强调词汇和语法范畴的原型。因为这些原型最接近人类认知结构，易于大脑识别与记忆。在实践教学过程中，教师可以采用突出核心例子，帮助学生构建清晰的概念框架，从而更好地掌握边缘例子。

（4）运用实例与情境教学法，让学生在实际语言使用环境中体验和应用词汇与语法知识。这不仅能够增强学生的语言实践能力，还能帮助他们多角度理解记忆词汇与语法现象。

通过这些方法，教师将认知语言学的原型范畴理论融入日语教学中，可使词汇与语法教学更加系统化、有机化和深入化，从而提升学生的学习效果与培养学生的思维能力。

（二）帮助学生理解语言中的"认知主体的意识"

语言结构固然遵循特定的语法规则，但语法并非能够完全控制和限制语言的全部。在教学实践中，诸多教师往往忽略了语言与语法之间的微妙互动关系，过分强调语法对词义和词性的限制作用，导致学生误将语法视为束缚表达的"牢笼"，导致他们仅认同符合此"牢笼"的语言则为正确。这种误解可能导致学生在语言运用过程中遇到困难，因为他们可能过分拘泥于语法，而忽视了语言最本质的交际功能。因此，教师应在日语教学的初期阶段，引导学生理解语法与语言之间的真正关系，即语法是服务于语言的工具，其主要目的是更有效地表达和传递情感与思想。

在语言实践中，人们会不断地更新和深化对语法的理解和应用，丰富语法知识。同时，由于个体之间存在认知观念的差异，这些差异又必然会影响语言的组织、表达和效果。因此，判断一种语言现象的正确性不能仅依据某些孤立的语法元素，而应当结合语言使用者的主体性及其固有的认知意识进行分析和考量。

从认知语言学的视角来看，个体的认知意识在塑造语言的组织结构、表达方式以及交际效果中起着决定性的作用。例如，认知语言学研究揭示了语言内容如何反映人的认知特点，如汉语的次序象似动音，以及如何通过句型训练法来促进语言学习。此外，认知语言学的理论和方法也被应用于语用研究和词义分析中，以深入理解语言使用的认知过程和提高语言教学的质量。这启示我们在语言学习和教学过程中，必须充分考虑学生的认知特性和思维模式，从而促进他们更深入、更灵活地理解和运用语言。

在使用特定语言进行交流时，说话者需要根据其意图和具体的语境作出适当的形式选择。在这个过程中，说话者的认知过程、注意力焦点以及表达意图等认知因素都会被融入语言之中。

将认知语言学理论应用于日语教学，能让学习者跳出词汇与规则的孤立学习框架，从宏观视角把握词汇内涵及其相互联系，同时在微观层面精准掌握各含义的具体运用。这样学习者就能够克服由于不了解词汇和语法的整体框架而产生的学习障碍，不再局限于"只见树木、不见森林"。通过这种方式，不仅能够帮助学生更好地理解和记忆词汇与语法，还能培养他们主动思考的习惯和能力，使他们在语言学习过程中更加积极、自主。因此，将认知语言学理论融入日语教学具有重要的实践意义和教育价值。

应用认识语言学理论，学生不仅能主动构建树状结构，清晰展现词义间的关联与差异，还能依据这些有机联系进行高效记忆。此外，还有助于他们养成深入探究单词本质意义、注重记忆关键词的良好习惯，而非仅满足于对表面的理解。

将认知语言学理论应用于教学是一个复杂的科研议题。这一议题已在日本文部省的研究议程中占据重要位置，日本的研究者正在探讨从认知语言学视角编撰日语教材的可能性，这有可能引发日语教学领域的重大变革。

同时，中国的研究者也意识到了认知语言学在日语学习中的关键作用，诸如李远喜、翟东娜、徐昌华等学者已在该领域展开了积极的讨论和研究。

将认知语言学融入基础日语教学是一种创新的教育理念。它旨在揭示语言形式认知中的模式和规律，并在思维深层探寻指导语言学习的规则。这不仅对日语教学具有重要价值，也为其他外语教学提供了有益的参考。

传统教育方式主要关注语言的形式和意义解析，却忽略了对语言学习背后动机的深入探究。因此，仅凭正规教育难以满足需求，特别是在处理如虚拟语气、压缩表达等抽象且难以驾驭的语言现象时，更是学生学习的难题。通过引入认知语言学，我们可以努力将抽象的概念转化为具体的学习内容，从而有助于解决这些因难度大而常常被忽视的重要问题。

当前的探索只是在这个领域迈出的第一步。作者认为，在日语教学领域，认知语言学尚蕴藏着巨大的潜力与未被充分发掘的应用前景。

三、认知语言学理论在高校日语教学中的应用

在日语教学过程中，尽管已经借鉴了英语教学的宝贵经验，并结合了日语的特定属性，形成了相应的教学理念和方法，但现行的日语教学方法仍存在一些问题。例如，教师过于强调零散知识点的灌输，而忽视了培养学生日语思维习惯的重要性，这无疑增加了日语学习的难度。因此，改革日语教学方法显得尤为迫切和关键。

认知语言学理论为解决这些问题提供了新的视角。该理论认为，语言是人类认知能力的体现，涵盖了感知、投射、透视和分类等过程，并且融合了认知科学、实证哲学以及心理学和系统科学理论的跨学科研究成果。例如，在基础日语教学

中，认知语言学理论的应用有助于学生更深入地掌握语言，通过理解语言与认知能力之间的紧密联系，教师可以探索新的教学方法，如运用距离象似性原则来提升学生的听说、阅读和写作能力。认知语言学理论指出传统的语言处理生成法和生成转换语法在解释某些语言现象时存在局限性，并强调人类的认知过程对于语言的习得和使用具有决定性作用。

（一）认知语言学中的认知语法理论在日语教学中的应用

首先，认知语言学理论指出，语言结构主要由词汇、语音以及整合这些元素的符号单元构成，其认知模式具有高度的主观性和模糊性。该理论强调基于实际使用的语言结构模式，这些模式通常通过分析大规模语料库中收集的句子范例来进行教学。

相对而言，传统日语教学方法采取了相反的策略。教师通常先教授固定的句型结构，随后提供一些示例句子，最后要求学生根据所学句型自行构造句子。尽管此方法有助于学生掌握基础的语言规则和模式，但可能忽略了语言在实际运用中的灵活性和多样性这一关键要素。

认知语言学的方法则鼓励教师从语料库中提取真实的语言实例，让学生在实际语境中观察和理解语言结构是如何形成的。这种方法使学生不仅能掌握语言的基本规则，还能洞察语言在不同情境下的变化与适应性，进而更深入地理解和运用日语。此外，这种方法也有助于培养学生的自主学习能力和创新思维，因为他们需要主动参与到语言学习的过程中，而不是被动地接受知识灌输。

其次，若不考虑日本文化和社会因素，翻译工作将难以进行。例如，在翻译"借花献佛"这一汉语成语为日语时，若仅关注句子结构而忽视"佛"一词的深层含义，可能会给日语读者带来理解上的困扰和误解。这是由于日语中的"佛"代表的是"归天的人"。因此，在阅读报纸、小说和其他非学校材料时，有必要熟悉社会文化背景和特定词汇，以便收集这些句子的例子、学习句型，从而了解日本人的思维方式。

再次，认知语法为日语教学中的词汇与语法问题提供了一种全新的阐释角度。在认知语法的视角下，语法不再被看作是一个独立于词汇的、固定的规则体系，而是被视为一套指导如何使用词汇构建句子的规则。这种观点强调了词汇和语法之间的紧密联系，以及它们在语言表达中的相互作用。

与基于生成语法的传统日语教学模式相比较，认知语法并不会人为地割裂语法和词汇，而是从意义和功能的角度出发，深入探究两者之间的内在联系。这种看法强调语言是一个动态的、情境化的认知过程，而非静态的、规则驱动的系统。

通过采用认知语法的方法，日语教学能够超越对词汇和语法的表面理解，引导学生深入探究语言的内在结构和意义生成机制。这种方法有助于培养学生的抽象思维能力，因为他们需要理解和运用这些规则来分析和生成各种语言表达，而不仅是单独记忆词汇和语法规则。

最后，认知语法的方法还能够帮助学生更好地理解和运用日语中的各种语言现象，如隐喻、转喻、语境依赖性等，这些复杂且微妙的语言现象，往往难以仅凭传统的生成语法模型得到全面而深入的阐释。故而，将认知语法理论巧妙融入日语教学之中，既能极大地丰富并深化教学内容，又能显著提升教学效果，进而更有力地推动学生语言能力与认知能力的双重发展。

（二）认知语言学中的隐喻在日语教学中的应用

乔治·莱考夫提出，隐喻不仅是一种修辞手段，更是认知语义学研究的关键组成部分，对人类思维与语言的发展具有决定性影响。相较于直接的字面隐喻，隐喻的内涵更为深邃且含蓄。一些普遍观点认为，隐喻是通过构建类比的能力来理解并阐释不同范畴的功能与原理的基本认知工具，因此在认知语言学领域占据核心地位。

在历史与当代文学作品中，隐喻的巧妙运用极为普遍，并对人们的生活产生了广泛而深远的影响。日语中的隐喻通常采用"主语＋主名词＋谓语＋评价名词"的独特结构来表达，而非依赖于"像"或"好像"等助动词来直接描述字面隐喻。

此外，隐喻在日常语言交流中也极为普遍，尤其在阅读理解和听力测试中频繁出现。由于隐喻与人们的观念和世界观紧密相关，因此那些与听者心理状态相契合的隐喻往往能够触动听者的情感，激发他们的兴趣。

　　然而，传统的日语教学方法往往过分强调语法、句法和词汇的表面学习，而忽视了与日语语言和文化紧密相连的隐喻培养。这导致学生在掌握和运用日语时，往往仅停留在表层，而难以全面理解日语文章、文学作品及复杂对话的深层含义。因此，在日语教学中融入隐喻思维显得至关重要。通过这种方式，学生能够更深入地理解日语，不仅能在考试中取得好成绩，还能更有效地阅读日本文学作品，理解复杂的日语对话，并能够用日语进行顺畅的交流。这样，日语教学将变得更加全面和立体，从而有助于培养学生的高级语言能力和跨文化交际能力。

（三）将认知语言学的构式语法理论应用于日语教学

　　构式语法将语法视为常规要素的集合，而生成语法是将语法视为词法和句法要素规律性的语言观。构成语法理论描绘了从副词等固定表达到 SVO（日语的主—宾—谓）[①]结构的连续统一体，其中单词可以自由变化。在日语中，这些结构包括"超"等前缀词素、"的"等后缀词素等。唯有通过抽象出语法结构理论，方能深入理解和牢固记忆日语语法的核心精髓。[②]

　　在传统生成语法的教学基础上，融入认知语言学的理论如隐喻、分类、认知语法、构成语法等元素到日语教育中，我们可以看到认知语言学并非完全排斥生成语法中的核心概念，如"词汇""形态"和"统一性"。相反，认知语言学是在承认这些基本语言元素的基础上，进一步探讨语言的认知过程和使用机制。

　　尽管认知语言学的理论较为深奥抽象，可能使学生难以理解，但这并不构成我们在教学中回避这些理论的理由。相反，通过恰当的教学策略和方法，我们可以帮助学生逐步理解和掌握这些复杂的概念。

（四）认知语言学中的分类理论在日语教学中的应用

　　认知语言学中关于分类的讨论，主要源自亚罗素，他们提出了原型理论和基本概念，用以阐释语言现象，从而取代了经典的范畴概念，也就是将范畴视为所

---

① 管静. 认知语言学在日语教学中的课题与反思 [J]. 教育教学论坛，2015（32）：177–178.
② 顾越. 认知语言学理论在日语教学中的应用 [J]. 考试周刊，2015（11）：95.

有成员共有的属性。他们认为，一个词的意义不能脱离与其使用相关的一般语境、百科知识和世界知识。①

查尔斯·菲尔墨亚和乔治·雷科夫的理想化认知模型强调了分类法在词汇系统中的基础作用。由于人类的认知资源有限，分类法能够以最小的认知代价提供最大的信息量。

分类过程主要包括以下几个步骤：

（1）规律识别：人们首先通过观察和感知，识别事物的规律和模式。在日语中，如"主语＋宾语＋谓语"结构，便是常见的模式。

（2）模式匹配：阅读新的日语句子时，我们可以根据已知句型，从记忆中检索主语、宾语和谓语信息，实现模式匹配，从而快速理解新语言输入。

（3）类别归纳：通过对多个实例的观察和比较，我们可以进一步归纳出更高级别的类别和范畴，如动词的时态、名词的性别和数量等。这些类别和范畴不仅能帮助我们组织和存储大量的词汇信息，也能为我们理解和生成新的语言表达提供框架和指导。

（4）推断词汇的性质：在日语学习中，若句子含大量的汉语词汇，需根据语法规则和语境推断其性质和用法，以确定在句子中的位置和功能。

在面对大量的语言经验和刺激时，我们的大脑会依据典型性和相似性来筛选和组织这些信息，进而创造出具有代表性的例子或模式。这些模式进一步帮助我们构建和理解各种语言类别。一般而言，类别中典型例子的丰富程度，直接决定了对该类别的认知清晰度，进而影响记忆与回忆的难易程度。

在日语学习过程中，对于那些发音及用法易混淆的词汇，采用典型案例分类法进行记忆与区分，显得尤为关键。该方法有助于学习者准确掌握词汇的发音及使用场合，有效减少发音错误和词汇混淆。

综上而言，在日语教学中，除了传授传统的语法理论外，还应融入认知语言学的基础理论。通过将这些理论知识抽象并总结为生成语法等具体形式，我们能够帮助学习者更深入地理解日语的语言结构和规则，掌握其核心精髓。

---

① 池上嘉彦. 认知语言学入门 [M]. 东京：大修馆书店，1998.

教师可以参考日语认知语言学的研究成果，对教材中的语法要素和词汇用法进行补充和深化，以提升教学效果和学习者的语言能力。这种结合传统语法教学与认知语言学理论的教学方法，不仅能够丰富教学内容和手段，还能更好地激发学习者的学习兴趣和主动性，从而促进他们在语言认知和应用能力上的发展。

第二节　建构主义理论及其在日语教学中的应用

一、建构主义理论概述

（一）建构主义学习理论的相关认知

建构主义学习理论强调学习过程的主动性，主张学习者应基于个人经验与理解主动构建知识体系。该理论特别重视学习个体的主体性与自我引导作用，认为知识并非静态存在，而是在与环境、他人及社会互动的过程中不断构建与重构的动态过程。

1.建构主义学习理论的定义

建构主义学习理论强调学习者主动构建知识。这一理论源自儿童认知发展理论，尤其是皮亚杰的理论。该理论认为学习是学习者在与环境、他人和社会互动中，通过自身经验、思考和理解建构个人意义的过程，而非简单接受和复制信息。[①]

建构主义学习理论以学习者为中心，强调其主体性，与传统的"以教师为中心"的教学法形成鲜明对比，对备课实践具有重要的指导价值。

建构主义学习理论视学习为一个主动积极的过程，学习者通过与环境、他人和社会的互动，对新信息进行解释和理解，并在此基础上建构意义，进而扩展和调整其知识结构。

---

① 李柏令. 建构主义学习理论与对外汉语教学 [J]. 云南师范大学学报，2003（9）：50.

2.建构主义的特征

皮亚杰的建构主义理论突出了学习者的主体性和认知发展的重要性。他认为，学习者通过与环境的互动，不断将新信息融入其认知结构（同化），并调整已有结构以适应新信息（顺应），从而逐步建构并深化知识体系。

冯·格拉泽菲尔德作为教育建构主义的倡导者，强调了激进建构主义在教育中的必要性。激进建构主义特别重视社会文化背景对学习的深远影响，强调知识是个体建构的产物，也是在特定社会文化环境中共同建构与协商的结果。因此，教育应当鼓励学生积极参与、合作交流和批判思考，培养他们的自主学习能力和问题解决能力。

依据建构主义的理念，教育应当以学生为主体，尊重他们的个体差异和已有的知识经验，提供丰富多样的学习情境和资源，引导他们主动探索、反思和建构知识。随着教育改革的深入，教师的角色已经从传统的知识传递者转变为学习的促进者和指导者。他们现在更注重设计具有挑战性和开放性的问题和任务，以激发学生的思考和创新思维。教师的角色转变将直接影响学生的学习效果和质量，因此，他们需要提供适时的反馈和支持，帮助学生调整和优化自己的学习策略。这样的教学方式不仅可以提高学生的学习效果，还能培养学生的批判思维、创新能力和社会交往能力，为他们的终身学习和全面发展奠定基础。

建构主义教育的主要特征包括：

（1）突出"以学习者为中心"的教学，为学习者提供自主探索和发现的机会和环境。

（2）提供丰富实用的学习材料。

（3）通过小组讨论、合作和自主学习增长知识。

（4）提供基线数据以确定实际复杂性。

（5）专注于解决问题。

（6）鼓励犯错和反思。

（7）促进研究和发现。

建构主义理论主张，学习者应成为教育的核心，教育活动需围绕学习者展开。建构主义着重指出，知识是学习者主动构建的成果，而非单纯由教师灌输的被动接受物。这一理论认为，每个人都会根据自己的经验、理解和社会文化背景对新信息进行解读和建构，从而形成个人化的知识体系。

尽管在建构主义教学模式下，教师不再是知识的唯一传递者，但其角色依然至关重要。以下是教师在建构主义课堂上的重要角色：组织者、引导者、促进者、指导者和监督者。

（二）建构主义理论下的基本教育观

建构主义作为一种认知理论和学习哲学，对教育和学习领域产生了深远的影响。它改变了传统的"教师中心"、知识灌输的教学模式，倡导"以学生为中心"、自主探究和合作学习的教学理念。在建构主义视角下，教学目标不仅是传递知识，更重要的是培养学生的批判思维、创新能力和终身学习的素养。同时，建构主义也影响了教学评价方式，强调过程性评价和自我评价，关注学生的学习进步和能力发展，而不仅是关注成绩。总之，建构主义理论为教育改革和教学实践提供了坚实的理论基础和可行的实践路径。

建构主义的知识观解释说，学习"建立在个人已有的知识、经验和信念的基础上，个人在学习新信息的过程中会主动选择和处理新信息，建构自己的理解，并调整和修改已有的知识和经验"。[①] 学习已不再是单纯的信息复制和记忆活动，而是一个动态的、不断发展的过程，它会随着个体经验的积累和社会环境的变化而不断被重构和深化。

在建构主义学习方法中，教师的角色从传统的知识传授者转变为学习过程的引导者和支持者。他们需要创设有利于学习者主动探索和建构知识的环境和条件，通过情境设置、协作学习、对话交流等方式，帮助学生将新知识与已有经验相结合，形成自己的理解和见解。

学习者在建构主义学习过程中，需要积极地参与和反思，根据自己的需求和兴趣选择和加工信息，合理安排自己的学习进度，创造出个性化的知识和经验。这种自主学习的方式不仅能够提高学习者的学习效果，还能够培养学习者的批判思维、问题解决和自我调节等关键能力。

---

① 蔡菜莉. 语文教学的建构主义审视 [J]. 教育探索，2003（7）：74-75.

建构主义学习理论倡导"以学习者为中心"的教学模式，强调学习者的主体性和主动性，以及教师的引导和支持作用。通过构建促进主动探索和知识建构的环境与条件，激励学习者自主学习与反思，进而有效推动其知识体系的建立和能力的提升。另外，还需强化师生、生生间的合作对话，构建真实情境，让学生在其中体验假设、实验、探索的过程，学会选择、处理信息，分享思考成果，达成创造意义的目的。[①]

建构主义教学法强调学习主体的主动性和能动性，将学习者置于教学过程的核心地位。在此过程中，教师扮演指导者的角色，激发学习者运用其知识和经验探索新知识，并在此基础上构建新的知识和经验。例如，通过引入合作学习和螺旋式课程，教师可以构建学习的"脚手架"，协助学生在讨论和有组织的小组活动中构建独特的理解和意义体系。建构主义学习理论致力于激发学习者的内在动机和潜能，推动他们主动、深入、有意义地学习，从而形成自己独特的知识和经验。这种学习方式不仅有助于短期学习成效的提升，更有利于长期能力的培养和终身学习。

在建构主义的评估框架下，教育评估正从传统的"结果评估"向"过程评估"转变。这一转变突出了评估内容和方法的多样性和情境性，以及全面评估内容的制订，旨在促进学生的全面发展和自主学习能力的提升。

（三）运用建构主义理论进行教学

1.基于建构主义理论的教学设计原则

（1）建构主义理论强调"以学生为中心"的教学设计原则，这种原则主要体现在以下几个方面：

首先，教师应积极激发学生的主观能动性，并巧妙地将之融入到日常教学过程之中。

其次，知识的建构与应用离不开具体情境的支持，教师应精心策划各类情境化的学习机会，让学生在真实或模拟的情境中灵活运用所学知识。

最后，教师应引领学生关注现实生活中的实际问题，激励他们主动探索，依

---

① 施传柱，高芹. 现代教育理论与实践 [M]. 北京：科学出版社，2011.

据自身行动寻找解决之道。此外，教师还需提供充足的自我反思机会，使学生能够审视自己的学习历程与成果，适时调整学习策略，从而优化学习效果。

（2）在建构主义理论中，协作学习被视为意义建构的关键因素。例如，小学班级协作学习的实施案例表明，协作学习有助于激发学生的学习兴趣和主观能动性，培养团队协作精神。初中课堂的合作学习研究也显示，通过学生之间的互动和教师的引导，可以有效激发学生的学习热情，促进认知投入和协作。在这样的合作环境中，每个小组成员（包括教师和学生）的想法都可以为整个小组所用。这意味着，对所学知识的理解不再是单个或少数几个学习者的任务，而是整个学习小组共同参与和建构的过程。

建构主义者亦重视学习环境的设计。他们认为，学习环境应成为学生自主探索和学习的场所。在这样的环境中，学生可以利用文本、书籍、视听资料、多媒体学习软件以及互联网等多种工具和信息资源，实现学习目标。学习环境不仅限于物理空间，更是一个全方位支持学生学习的系统。基于建构主义的教学设计，通常更加注重创建和优化学习环境，而不仅是关注传统的教学环境。其宗旨在于营造一个鼓励探索、互动和深度学习的环境，激发学生的主动性和创新思维，深化他们对知识的理解和应用的能力。

在建构主义理论中，学习过程的终极目标是完成意义建构，强调学习者作为认知的主体，通过与环境的互动主动构建知识。这种理论强调学习者是认知的主体，是主动参与和创造知识意义的建构者。因此，整个学习过程的核心目标是促进学习者进行意义建构，而不仅是获取信息或技能。

建构主义学习环境的设计和实施都围绕着这一核心目标展开。教师在备课时，不仅会分析和设定学习目标，还会更加关注如何通过各种教学策略和活动来激发和促进学习者进行意义建构。无论是学习者的自主探索、合作学习，还是教师的指导和支持，每一个环节都应该以"意义建构"为目标导向。

在学习过程中，每项活动都应致力于促进学习者对知识的深入理解和灵活应用，而非停留在记忆和信息的重复上。这样的学习过程鼓励学习者主动参与、批判性思考和创新性应用，从而有助于促进他们形成更加丰富、深入和个性化的知识体系。建构主义理论强调学生的主体地位，倡导主动探索和合作学习，旨在激发学生的学习兴趣，提高他们的综合素质。通过建构主义理论的实践，学生能够培养自主学习能力、问题解决能力，并形成终身学习的习惯，从而更好地适应知识社会的不断变化和符合未来发展的需求。

2. 基于建构主义理论的教学方法

依据教学方法和风格，教师的角色可划分为三类：翻译者、参与者及促进者。翻译者类型的教师可能对该学科的理解有限，主要依赖讲授和解说的方式来授课。参与者类型的教师对该学科有一定深度的认识，能够教授该领域的知识。而促进者类型的教师则能够深入理解班级内个体和集体的想法和感受。

在建构主义的教学过程中，逐渐减少外部控制并增强学生的自我掌控能力是非常重要的。因此，教师需要营造一个鼓励学生自主学习的氛围，引导他们独立思考、自我管理，并通过积累与实践解决问题。

在这种环境中，师生之间的关系应该是平等的合作伙伴，并共同参与到知识的建构过程中。教师的角色也从单纯的知识传授者，转变为知识构建的引领者、组织者、激励者。教师的任务是设计和实施能够激发学生主动参与和深度学习的教学活动，并提供必要的资源和工具，以及适时的反馈和指导。

在这种教学模式下，学生由被动接受转为主动探索与建构知识的积极参与者。因此，他们需要新的教学工具和认知处理策略，如问题解决技巧、批判性思维方法、创新性思维训练等，以便能够更深入地理解和应用知识。

因为课堂环境应当模拟真实情境，所以教师需要营造有益的学习环境，让学生能够在其中独立进行实验、探索、合作和研究，通过完成任务来深入理解问题。在此模式中，教师扮演的角色主要为组织者、引导者、推动者以及助手。借助情景模拟、合作互动和对话讨论等方式，能够充分激发学习者的主动性、积极性和创新能力，从而帮助学习者更有效地构建和完善自己的知识体系。

二、将建构主义理论应用于日语教学——以口译教学为例

在全球化浪潮的推动下，我国对翻译教育的需求持续增长。然而，现行的日语翻译教学模式过分依赖于教师的单向知识灌输，未能充分考虑学生个体差异及教学过程的开放性与互动性，这在一定程度上制约了学生翻译技能的迅速提升。

近年来，建构主义理论逐渐被引入并广泛应用于日语教育实践，这对提升学生的日语翻译能力产生了显著的影响。

（一）创设支持和鼓励学生主动建构学习的学习情境

口译学作为一门专业学科，要求学生在真实情景中进行实践学习，以确保达成预期的教育成效。因此，构建真实的口语环境对提升学习效果至关重要。为了实现这一目标，教师应充分利用现有教材资源、实时新闻报道、评论及会议材料等作为教学媒介，创设有益的学习情境。这种方法不仅能够模拟真实的场景，还有助于增强学生的实践经验并提升其适应能力，从而提高他们的口译技能和综合素质。

采用多样化的教科书，既能促进学生的自主学习，又能减轻教师的教学负担，进而提升课堂教学效果。此外，在课堂上，教师可以让学生自选翻译材料，此举既拓宽了学生的知识面，又提升了学生的自主学习能力，同时避免了封闭式课堂的弊端，激发了学生学习的积极性。

（二）引入基于学生主动性和参与性的小组合作学习模式

在口译教学过程中，合作学习发挥着至关重要的作用。学习者需通过持续的练习以展现其口译能力。因此，教师应确保提供充足的实践机会，并依据学生的能力水平进行分组，以保证同水平学生能够共同练习，从而促进彼此的进步。例如，教师可安排学习者以小组形式在课堂上进行备课和练习活动，确保每位学习者均能充分参与口译实践，以此提高口译教学的成效。

在实施小组合作学习的过程中，可进一步细分为小组内部合作与小组间合作。小组内部合作有助于提升学生的参与度，扩大教学的覆盖面，解决传统课堂难以满足所有学生参与实践的问题，并促进学生间的有效沟通。而小组间合作则有助于培养学生的团队协作精神和社交能力。

教师可为各小组设计具有特色的任务，以促进小组间的互动交流，使理论知识得以应用于实践，进而帮助学生获得新的认知与深刻理解。

为充分激发学生的学习热情，教师应设计与学生兴趣点及课文内容紧密相连的任务。口译是一个包含"再现、组织和表达"的复杂过程，要求学生进行深度思考、推理和灵活应对。通过项目或课堂任务，教师可以引导学生逐步完成口译过程，并搭建互动平台，为学生提供实践机会，助力其口译技能的提升，进而实现口译教学效果的显著提升。

（三）采用互动式教学方法，强调学生的参与

当前，众多高校正积极推进"以学生为中心"的教育改革，该改革强调课程设计应以满足学生需求和兴趣为本，促进学生在学习过程中发挥主导作用。

互动式教育是一种互惠互利的教学策略，问题导向教学常被视为促进互动的核心。在此教学模式中，教师通过提出问题和组织学生参与各类活动，如游戏等，以增强师生间的互动。

教师通过观察和评估学生对问题的反应以及他们在游戏中的参与度，能够准确掌握学生的学习进度，并及时发现与解决学生在学习过程中可能遭遇的问题。该教学方式不仅凸显了学生在课堂上的主导地位，而且显著提升了他们的学习能力。

此教学方法显著提升了课堂教学效果，它鼓励学生主动参与、积极思考并解决问题，而非仅作为知识的被动接受者。通过这种方式，教育过程不再局限于知识传递，而是转变为引导和支持学生自我探索、自我成长和自我实现的过程。

（四）对绩效评估和学习者评估采取客观和全面的综合评价方法

在进行学习成效的评估时，我们应当从多个不同的角度和层面进行细致的考量，这包括但不限于学生的学习态度、学术成绩、在合作学习中的活跃程度以及他们对团队的贡献。评估的过程需要同步进行，同时要综合考虑教师的评价、同伴之间的评价以及学生的自我评价，这样才能够形成一个全面而均衡的最终评价结果。通过这种多元化的评价方法的综合运用，我们能够更加客观和全面地评价学生在日语翻译学习中的表现，从而更准确地把握学生的学习进展和促进能力提升。

第三节 元认知理论及其在日语教学中的应用

一、元认知理论概述

（一）元认知的概念

元认知，作为认知心理学领域的一个核心概念，最初由弗拉维尔（Flavell）所提出。其内涵包含双重维度：一方面，它涵盖了个体对自身认知过程、表现及其相关方面的认知理解；另一方面，它涉及个体对认知过程的主动管理与调整。

元认知通常被界定为个体对其心理状态、能力、认知目标及认知策略的感知与控制。换言之，它是认知主体对其认知过程的理解与管理。元认知主要由三个维度构成：元认知知识、元认知体验和元认知监控。

元认知知识是指个体通过经验累积的认知过程知识，包括影响认知功能的多种因素、这些因素间的相互作用及其可能产生的后果。此类知识通常存储于个体记忆之中，无论是在意识层面还是无意识层面，均会对认知表现产生影响，并表现出相对的稳定性。

元认知体验是指个体在认知活动中产生的认知与情感体验，这些体验可能简单或复杂，熟悉或陌生，并可能出现在认知行为的前、中、后阶段。研究显示，元认知体验对认知任务的学习具有直接的影响。积极的元认知体验能够激发学习者的积极性，释放其认知潜能，提升其认知过程的速度与效率。

元认知监控是指个体积极地、有意识地观察、控制和调整自身认知活动的过程。依据所涉及认知过程的不同，元认知监控策略可细分为四种主要类型：计划（设定目标与策略）、监控（监控进度与效果）、检查结果（评估结果是否达到预期）以及采取纠正措施（根据需求调整策略与方法）。有效的元认知监控使个体能够更深入地理解并管理自身的认知过程，从而提高学习与表现的质量。

（二）元认知的培养

教学与学习过程实为复杂多元的认知活动，涉及信息获取、处理、存储及应用等环节。元认知，即对认知过程的自我认识与调控。研究已证实其对学习成效与教学效率具有显著正面效应。例如，根据远程学习者研究结果，元认知能力与学习效能感呈正相关关系，尤其是元认知调节能力对学习效能感的影响最为显著。元认知在教学与学习的认知过程中扮演着重要角色，是促进学习者认知发展与提升教学效果的关键因素。因此，教育工作者与学习者均应重视元认知的培养与应用，以实现更高效、自主、深入的学习与教学体验。

元认知培养主要包括以下方面：

1. 增强元认知知识

为提升学生的元认知能力，介绍以下几种有效方法。

（1）强化学生对自身认知特点的认知，以便他们选择最适合的学习方法。为此，教师应鼓励学生尝试多种学习方法。

（2）增进学生对学习目标及影响因素的理解，是元认知能力培养的关键环节。学生需明确学习任务的性质、特点及要求，以合理规划时间并提高学习过程中的注意力。了解这些因素有助于学生更有效地组织和管理自己的学习过程，从而提高学习效率。

（3）元认知教育的另一核心目标是提升学生的认知策略运用能力，包括认知策略的定义、应用、使用时机及灵活运用技巧。当学生熟练掌握这些策略后，他们在知识吸收、实际应用、环境适应、任务完成及学习目标达成等方面，将展现出更为卓越的表现。

根据特殊儿童感、知觉统合训练案例分析，布朗提出了名为"知觉约束训练"的教学方法。该方法基于对特殊儿童认知、语言、运动、社交等方面能力的改善，旨在教导学生何时以及为何使用特定的学习策略。通过实践和学习不同的策略及其适用条件，学生能够发展出丰富的元认知知识。这种知识不仅包括对自我认知过程的理解，还包括对如何有效调控和优化这些过程的洞察力，从而促进他们的学习成长和成就。总体而言，元认知教育的目标是培养学生的自我反思和自我调控能力，使他们成为更自主、更高效的终身学习者。

2. 丰富元认知体验

仅掌握元认知知识尚不足以满足元认知培养的需求，学生还需借助实践与亲身体验，不断拓宽并深化其元认知经验。元认知体验不仅影响学生对任务目标的理解与设定，也直接影响他们元认知知识的积累与元认知策略的形成与发展。因此，教师在教学过程中应积极引导和管理学生的元认知体验，创造有利于学习的课堂环境与氛围，激发学生的学习兴趣，从而提升学习效果。

3. 提升元认知监控技能

要想有效培养元认知能力，学生需要学会运用元认知监控。元认知监控不仅依赖学生的内在反馈机制，外部环境的影响亦不可忽视。教师在课堂上营造优质的学习环境与氛围，有助于学生更有效地从依赖外部反馈转变为依赖内部反馈的自我调节。心理学研究指出，迁移是指一种学习经验对另一种学习经验的影响和转化，学生的迁移能力强弱往往直接体现了其元认知水平的高低。

因此，教师在教学过程中应注重培养学生的元认知监控能力，通过设计各种实践活动与反馈机制，促进学生从外部环境的学习经验中提取有效信息，并将其内化为自身的元认知知识与策略。同时，教师还应引导学生反思自己的学习过程，提升其自我评价与调整的能力，从而达到更高效、自主且深入的学习状态。通过这样的方式，教育者可以有效提升学生的元认知水平，帮助他们成为更加独立、灵活和适应性强的终身学习者。

二、在日语教学中应用元认知理论——以基础日语听力教学为例

元认知理论是元认知知识、元认知经验、元认知监控以及认知过程的有机动态结合。[1]

"听"是主动地、有目的地获取有效的背景信息的过程听力理解需要人们的积极参与，因为听者必须解码、加工和重构意义，并创造语言输入。[2]

---

[1] 孙苏平. 日语专业学生日语听力元认知意识的调查研究 [J]. 长春工程学院学报（社会科学版），2016，17（2）：62.

[2] 吴梦. 日语初级听力教学过程中的学习策略教学 [J]. 青岛职业技术学院学报，2013，26（2）：72.

元认知理论在语言教学中的核心作用体现在引导学生运用恰当的思维模式和策略，科学规划、细致观察并有效评价学习过程。这对于日语听力教学的初级阶段尤其关键。特别是在教学过程中，教师应特别注重激发学生的内在学习动机和对学习的热爱。这种热情能够激励学生主动设定学习目标、规划学习路径、选择合适的学习材料、制订个性化教学计划，并能灵活调整学习进度、进行自我评估学习成效。

通过这种方式，教育的目标不仅是传授知识，更重要的是帮助学生培养良好的日语学习习惯。这些习惯包括但不限于：主动探究的学习态度、独立思考的能力、有效的自我管理技巧、批判性思维的习惯以及持续的自我反思和改进意识。

（一）教学流程设计

1.课程前的规划和准备

课程前的准备工作是教学流程中的关键环节，对于实施有效的教学策略具有至关重要的作用。备课的充分与否直接影响学生是否能主动地吸收知识，从而影响教学效果的实现。

首先，教师应进行全面的学生能力评估。这包括对学生听力理解水平、知识保留情况以及对当前教学方法的反应和适应性的深入了解。这些评估结果将是教师制订后续教学计划的重要参考依据。

其次，教师应对课程内容和相关的文化背景进行深入分析。在此过程中，教师应巧妙地将课程内容与学生的认知水平及知识框架对接，确保难度既具有挑战性又能激发学生的求知欲。此外，教师还需确保学生能透彻理解听力材料，并清晰设定每节课的学习目标，使学生在学习时能有针对性地吸收信息。材料的难度对教学计划的实施非常重要，因为太容易的材料不需要学生使用策略，而太难的材料则没有太多时间让学生思考适当的策略。

2.流程支持和监测

课程监控是教师检查学生学习的一种重要的方式。过程监控并不是仅仅要找出课堂中存在的问题，更重要的是为教师提供学生学习准备的详细指导。学生应自主执行学习计划、主动监控学习进程，并与教师携手分担学习任务，以便教师能有效监控学生的学习情况，为每位学生合理分配实施分层讲解与指导的时间。

事实上，教师大部分时间都在教授听力理解策略，如听力理解、选择性注意、词义引申、逻辑推理和想象等，并通过有效的协调和监督，确保学生了解这些策略的重要性，并能有效利用课外学习时间。

3. 课程后的评估和调整

当学生掌握了个人的学习计划并进行实践后，评估和反思这一阶段对于整个学习过程便至关重要的。此阶段的反馈直接体现了学习目标的实现程度及实际学习效果。在这个阶段，教师的角色不仅是指导者，更是引导学生进行自我反思和评价的催化剂。

教师应鼓励学生积极地进行自我评价，这不仅有助于他们分析和评估自己的学习表现，包括是否已经达成预设的学习目标、是否有效地运用了听力策略，以及在学习过程中遇到了哪些问题或挑战，而且还能促进他们对学习过程和结果的监控，从而调整学习策略、提高学习效果。这样的自我反思有助于学生识别自身的优点和不足，为下一阶段的学习做好调整和准备。

在这个过程中，学生能够准确且恰当地进行自我评价对教学方法的成功实施具有决定性影响。研究表明，学生对自身学习效果的乐观或悲观评估，可能会影响他们的学习态度和行为。过于乐观的评估可能导致学生轻视学习，而过于悲观的评估则可能打击他们的积极性和自信心。因此，教师需要密切关注学生自我评价的过程，提供必要的指导和支持，帮助他们建立实事求是、客观公正的自我评价能力。

通过这种方式，教师不仅能够确保学生在学习过程中保持正确的态度和积极的动力，还能促进他们提升自己的自主学习能力和批判性思维的发展，从而实现更高效、更具深度的学习成果。[①]

（二）教学实施具体细节及问题分析

元认知理论的应用确实强调了对学生学习自主性的培养以及教师对学习过程的整体控制和监督。以下是一些在实践中可以采用的辅助策略：

---

① 许梅英. 高师院校日语听力教学与元认知意识培养 [J]. 教育评论，2013（1）：117.

1.建立"听力日记"，辅助学习

为了最大化利用课后时间并持续跟踪学习过程，教师应要求学生每天至少进行 30 分钟的针对性听力训练，确保练习内容与课程紧密衔接，从而有效巩固并提升学生的听力能力。每次听力练习后，学生需深入分析学习过程，评估达成目标的程度，详细分析练习中的具体问题及个人弱点，并提出相应的改进方案和行动计划。所有这些反思都应该记录在"听力日记"中。通过查看学生的"听力日记"，教师可以实时了解每个学生的学习进度和存在的困难，从而提供有针对性的反馈和指导。这种监控不仅有助于教师评估教学效果，还能及时调整教学策略，以满足学生的个体需求。[①]

2.激发学生的学习兴趣

在语音认知阶段，教师的首要任务是确保学生在学习过程中感到舒适和自信，避免他们产生恐慌和焦虑感。低年级学生因对日语语音特征，如发音、音调、韵律及语速变化等尚不熟悉，可能在听力理解过程中感到迷茫、紧张乃至疲惫。在这个关键阶段，教师应遵循学生认知发展的规律，深入理解并接纳其面临的困难与挑战，尽可能减少可能引发学生恐惧、焦虑等负面情绪之因素，营造一个积极、轻松且充满支持的学习环境。

为激发学生的学习兴趣和动力，教师应选用丰富多样、吸引人的听力材料进行教学。这些材料可以包括有趣的对话、歌曲、故事或者与学生生活经验相关的音频片段。这样的内容不仅能够提高学生的听力技能，还能激发他们的学习热情和好奇心。

3.监测语言能力

在听力理解的基础阶段，重要的是培养学生的元认知能力，鼓励学生的自发性。课前，教师可列出词汇、句子结构、语音知识及听力要点清单，供学生参考，并鼓励他们制订学习计划，并根据实际情况调整进度。当学生在做完阅读习题以后再进行评估，以便养成学习者良好的学习态度和学习习惯。[②]

① 孙羽佳. 元认知策略培训与大学生听力自主学习能力培养实证研究 [D]. 哈尔滨：黑龙江大学，2010.
② 苏君业，罗米良，刘晓华. 新经典日本语听力教程（第一册）[M]. 北京：外语教学与研究出版社，2015.

4. 教授倾听策略

我们可以从学生的听力测试中，总结出一些最常见的问题：听得不够快、没有听完整个句子就不明白句子的意思、不理解没有学过的单词。在真实课堂上，教师应教导学生适应"听不清、听不全、听不懂"的情况。教师在课堂教学中，要教导学生不能什么都听，什么都懂，不要抱着"完美主义思想"去做听力题。

学生在语言学习的过程中，特别是在听力理解上，需掌握从连续语流中筛选提取关键信息的能力，可以依据上下文、语音语调等推断文章的整体含义。

（三）教学效果评估

教师应根据课程要求，设定以下教学目标：

（1）依据上下文逻辑关系，制订听力解码策略，以理解对话中含糊的单词和短语。

（2）培养迅速捕捉要点和提取关键信息的能力，确保能理解课文中 70% 以上的观点。

（3）快速记录所听内容，并培养还原总结的能力，大致复述话题内容。

在设计试题时，应充分考虑学生的普遍能力和个体差异，以确保评估的全面性和公正性。可考虑的题型有：模仿、听写、短对话、长对话等。

研究表明，元认知策略与日语专业初学者的日语学习效果之间存在显著的相关性。通过运用元认知策略，学生能够更准确地进行自我认知和目标认知，并在实践中不断调整认知方式、解决问题的策略等。例如，张岩的研究表明听力元认知意识对听力水平有促进作用，而孙苏平、邹洁、袁秀杰的研究则表明元认知对日语阅读有直接影响，并通过影响日语语言水平对其施加直接影响。然而，为了在教学实践中更准确、更完善地实施基于元认知理论的日语听力理解教学，以下几点是必要的：

（1）建立完善的观察和日常监控机制：教师需要持续观察和记录学生的学习行为和进步，以便及时调整教学策略和提供个性化的指导。

（2）设计准确的教学效果评估体系：评估体系需全面覆盖学生的语言技能、

元认知能力、学习策略等关键领域，确保能准确反映其学习成效与进步。

（3）提供反馈和反思的机会：鼓励学生对自己的学习过程进行反思和评价，培养他们的元认知意识和自我调整的能力。

（4）整合多元化的教学资源和方法：利用各种教学工具和技术，如多媒体材料、在线平台、合作学习等，激发学生的学习兴趣和提高其参与度，从而促进他们的元认知发展。

（5）培训和支持教师的专业发展：加强对教师的元认知理论与实践培训，提供全方位支持，助力其掌握高效教学策略与评估手段，从而更好地满足学生的学习需求。

通过上述措施，我们可以进一步优化基于元认知理论的日语听力理解教学，提高教学质量和学生的学习成效。同时，这也为教育研究者提供了宝贵的实践经验和发展方向，从而有助于推动教育理论与实践的深度融合。

第三章 日语教学思维创新的时代背景与思维转型

第一节 日语教学的理论演进与思维转型

一、传统教学范式的局限性

长期以来，日语教学模式以语法翻译法为核心，其局限性在全球化和技术革命的双重影响下日益显现。语法翻译法过分依赖文本翻译和语法规则的灌输，导致学习者陷入知识碎片化和能力空心化的困境。例如，学生虽然能够熟练背诵"て形"的变化规则，但在真实对话中却无法自然运用；教师逐句翻译《新编日语》教材，却忽视了语言背后的文化语境，使得学习者难以理解"どうも"在不同场景中的微妙差异。这种重形式轻功能的教学方式，割裂了语言与文化的共生关系，培养出的学生更像是"语法机器"而非"文化桥梁"。此外，这种教学模式还忽视了语言的交际功能，导致学生在实际交流中难以灵活运用所学知识，无法达到真正的沟通交流的目的。

二、应试导向的困境

应试导向的困境在高考日语规模化扩张中暴露无遗。2024年全国高考日语考生突破30万；部分高中为追求升学率，将教学简化为"真题刷题—考点速记"

的流水线操作。某省重点中学的调研显示，超过 60% 的教师承认"课堂时间全用于解题技巧训练"，学生听力与口语能力普遍薄弱（JLPT N3 通过率仅为 45%）。这种功利化倾向造成"高分低能"的现象：学生通过高考进入大学后，面对日企实习面试时，因无法理解面试官的委婉提问（如"ご都合はいかがでしょうか"）而错失机会。此外，这种教学方式还忽视了学生个性化需求和兴趣的培养，使得学生在学习过程中缺乏主动性和创造性。

第二节　新时代教学思维的理论基础

新时代教学思维突破传统桎梏需以三大理论为基石：

（1）建构主义视角：强调学习者在情境中主动建构知识的能力。例如，通过模拟日企产品发布会，学生需在角色扮演中综合运用敬语、提案技巧与文化礼仪，而非孤立记忆语法条目。北京外国语大学的实验表明，采用建构主义教学的班级，学生在跨文化交际能力测评中得分提升 28%。这种教学方式能够激发学生的主动性和创造性，使他们在实际情境中更好地理解和运用语言。

（2）跨文化交际理论：推动教学从"语言工具论"转向"文化共生论"。日语中的"空気を読む"（察言观色）不仅是语言现象，更折射出日本社会的集体主义思维。教师需引导学生对比中日拒绝策略：中国直接说"不行"，而日本人倾向使用"検討します"（我们会考虑），借此揭示文化价值观的差异。这种教学方式有助于学生理解语言背后的文化内涵，提高他们的跨文化交际能力。

（3）技术增强学习（TEL）框架：AI 与 VR 技术正重塑认知过程。例如，DeepSeek 平台的 NLP 模型能实时分析学生作文中的文化误用（如将"先輩"直接译为"师兄"），并推送日本影视片段辅助理解；VR 技术则通过构建"虚拟京都"场景，让学生在茶道体验中内化敬语使用规范，文化认知准确率提升至 82%。这种教学方式能够提供更加丰富和真实的学习体验，提高学生的学习兴趣和效率。

第三节　全球化与数字化双重驱动的教学变革

中国《新课标》明确将"文化意识"列为日语学科教育的核心素养，要求教师设计"中日灾害应对对比""传统工艺数字化保护"等主题单元。例如，上海某高中通过"3D 打印日本和服纹样"项目，将语言学习与文化传承结合，学生 N2 通过率提高 18%。这种跨文化交际引导下的文化交流促进语言教学的教学方式有助于学生更好地理解和运用语言，提高他们的跨文化交际能力。

日本"Society 5.0"战略以物联网、AI 技术重构教育生态。文部科学省资助的"智能日语教室"项目，在东京大学试点"脑电波监测 + 自适应学习系统"，通过分析学生注意力波动动态调整教学内容难度，学习效率提升了 33%。这种教学方式能够提供更加个性化和高效的学习体验，有助于提高学生的学习兴趣和效率。

一、学习者画像变迁

当前新时代学习者的三大特征倒逼教学策略革新：

（1）碎片化学习：68% 的学生通过抖音、B 站等平台观看日语短视频（如"5 分钟掌握授受动词"），教师需开发微课资源包，将知识点拆解为 3～5 分钟的动画模块。

（2）交互性需求：腾讯课堂的弹幕功能显示，实时互动问答可使学生留存率提高 40%，某高校因此将单向讲授改为"AI 答疑 + 教师点评"双轨模式。

（3）技术依赖倾向：Z 世代更信任算法推荐，DeepSeek 平台的"个性化学习路径"功能使用率达 75%，教师需从"知识权威"转型为"数据协作者"。

二、需求分层体现两类群体的差异化策略

（1）高考日语生：需强化应试技巧与基础能力。例如，山东某中学引入"AI 错题本"，通过分析近 5 年真题数据，精准预测考点并生成模拟卷，该校高考平

均分连续三年超省线 15 分。

（2）专业学习者：侧重跨学科整合。例如，广东外语外贸大学"日语＋人工智能"实验班要求学生用 Python 分析《源氏物语》的词汇演变，毕业生被索尼 AI 研究院批量录用，起薪高于传统专业 25%。

全球化与数字化并非孤立变量，而是通过政策传导、技术渗透与学习者行为变迁，共同重塑日语教学的底层逻辑。传统课堂的"教师—教材—黑板"三角结构，正在向"AI—场景—数据"的智能生态演进。例如，京都大学的"元宇宙日语角"项目，允许学生通过虚拟化身参与盂兰盆节祭典，系统自动记录其语言互动数据并生成文化敏感度评估报告。这种变革不仅要求教师掌握 VR 设备操作、大数据分析等技能，更需从根本上重构"教"与"学"的关系——从"知识传递"转向"认知共建"、从"文化旁观"转向"价值对话"。

未来的日语教学将日益呈现"双螺旋结构"：一链是文化解码与语言能力的深度融合，另一链是技术创新与认知规律的协同进化。因此，唯有立足理论根基、回应时代命题，才能培养出兼具语言能力、文化自觉与技术素养的新时代日语人才。

第四章 日语教学创新的实践案例分析与教学创新效果的评估与反馈

在日语教学创新的探索进程中，丰富多样的实践案例为我们展现了创新理念与方法在日语教学的不同阶段和场景中的具体应用成效。这些案例不仅是理论的生动实践，更是推动日语教学不断发展的宝贵经验源泉。

第一节 不同教学阶段的创新教学案例

一、初级阶段：趣味性与基础能力并重

案例1：AR 五十音图启蒙教学

对于零基础的日语学习者而言，往往面临着较高的畏难情绪以及较低的记忆效率问题。北京某中学敏锐地察觉到这一痛点，创新性地引入 AR 技术辅助五十音教学。在实际操作中，学生通过平板扫描卡片，即可触发精彩的 3D 动画，例如"あ"这个假名对应着"苹果落下"的动态场景，生动形象的画面极大地激发了学生的学习兴趣。同时，AI 语音助手实时发挥作用，精准纠正学生的发音，系统还会依据错误类型，如元音长度不足等，推送针对性的专项练习。当学生完成所有字符的解锁后，会生成《五十音闯关证书》，学生可将其分享至班级社群，这不仅增强了学生的成就感，还营造了积极的学习氛围。从实证效果来看，学生

课堂参与度从原本的 65% 大幅提升至 92%；在发音准确率测试中，实验班平均分达到 88 分，显著高于传统班的 72 分，且差异具有统计学意义（$p < 0.01$）。

案例 2：文化礼仪 VR 微课

上海某培训机构针对初级学习者文化认知薄弱的现状，精心开发了"5 分钟 VR 礼仪课"。在核心场景的设计上，充分贴近生活实际。在便利店购物场景中，学生需要在虚拟环境里选择恰当的寒暄语，准确区分"いらっしゃいませ"和"こんにちは"的使用场景；在名片交换场景中，动作捕捉技术会严格评估学生递接名片的姿势角度，标准为 30° 倾斜，同时考察眼神接触是否规范。数据反馈显示，学生在文化行为测试中的正确率从 47% 提升至 79%，高达 83% 的学生表示"VR 练习比书本讲解更直观"，并真切地感受到了 VR 教学在文化礼仪学习中的独特优势。

二、中级阶段：跨文化交际能力的深化

案例 1：AI 驱动的日企情境模拟

广东外语外贸大学在"商务日语"课程中开展了 AI 驱动的日企情境模拟教学。这种教学方式通过借助 DeepSeek 对话引擎，能够逼真地模拟日本客户提出的各种异议，比如"コストが高すぎる"（成本太高了），学生需要运用敬语进行协商沟通。同时，情感识别系统能够通过摄像头分析学生的微表情，以此判断学生是否理解对方委婉的拒绝态度，例如嘴角紧绷可能表示困惑。从成果评估来看，学生谈判成功率从 38% 提升至 67%，企业导师评分显示，学生的文化敏感度得分提高了 42%，充分证明了这种教学方式在提升学生跨文化交际能力方面的显著效果。

案例 2：动漫社群的跨文化项目

学生参与为《鬼灭之刃》日本粉丝制作中文字幕的跨文化项目，在这个过程中，需要巧妙处理诸多文化差异。在语言层面，对于"お前はもう死んでいる"的翻译，要斟酌是译为"你死定了"还是更具文化韵味的"阁下命数已尽"；在

文化层面，需要对"柱"与日本神话的关联进行注释。该项目在社群中获得了热烈反响，作品在 Niconico 平台播放量超 50 万，还得到了日方制作团队的转发，学生团队也荣获中日青年文化传播奖，有力地促进了中日文化交流，同时提升了学生的跨文化交际能力。

三、高级阶段：学术与职业能力的整合

案例 1：元宇宙学术研讨会

复旦大学日语系进行了大胆创新，搭建了虚拟国际会议厅，让学生以数字分身的形式发表论文。在技术亮点方面，AI 同传系统能够实时生成中日英三语字幕，方便不同语言背景的参会者交流；观众席的虚拟评委基于 GPT-4 模型，会提出刁钻问题，如"貴方の結論はデータ不足では？"（您的结论是否数据不足呢？）。成效分析表明，学生学术演讲能力测评得分提升了 35%，并且有 3 篇论文被核心期刊录用，创下历年新高。这充分展现了元宇宙技术在学术能力培养方面的积极作用。

案例 2：跨境电商实战项目

与某日妆品牌中国分公司合作开展跨境电商实战项目。学生首先运用 Python 情感分析工具，深入分析日本消费者的评论；接着撰写符合日本广告法的产品文案，特别要注意避免"最高級"等绝对化表述；然后通过 TikTok 直播面向日本用户推广产品，AI 实时监测互动数据，以此优化话术。从商业成果来看，直播间转化率高达 8.7%，超出企业预期 2 倍，还有 5 名学生凭借出色的表现获得了公司的任职机会，实现了学术与职业能力的有效整合，为学生的职业发展奠定了坚实的基础。

第二节 不同教学场景的案例展示

一、课堂教学：混合式智慧教室

案例：AI 双师课堂（南京某重点高中）

南京某重点高中采用 AI 双师课堂模式。主讲教师负责讲解高考高频语法，如使役被动形；AI 助教则通过面部识别技术，精准发现走神学生，并自动推送弹窗习题，例如"请翻译'老师让写作业'"。同时，数据看板实时展示班级正确率热力图，教师可以依据此动态调整讲解教学重点。从效果对比来看，实验班高考平均分达到 128 分，较对照班的 109 分显著领先；教师备课时间减少了 40%，专注力干预精准度却高达 89%，这充分体现了 AI 双师课堂在提高教学效率和教学质量方面的优势。

二、实践教学：在地化文化体验

案例：京都虚拟修学旅行（苏州某国际学校）

苏州某国际学校借助 VR 设备，生动还原了清水寺、伏见稻荷大社等京都著名场景，开展京都虚拟修学旅行。本地化 NPC，如虚拟导游，使用关西方言提问，学生需要用关西方言应答，以此增强文化体验的真实性。在文化成果方面，学生完成了《虚拟旅行手账》，并荣获日本驻沪领事馆文化奖；方言听力测试正确率从 21% 跃升至 68%，有效提升了学生对日本地域文化的理解和掌握。

三、网络教学：OMO（线上线下融合）模式

案例：抖音日语语法挑战赛

通过抖音平台开展日语语法挑战赛，采用了一系列巧妙的运营策略：发布 15

秒短视频讲解语法难点，如"は"与"が"的区别；用户在评论区完成填空练习，如"このケーキ＿＿おいしい"，AI自动批改并@正确答案用户；每周排行榜前10名的用户获赠日本文创礼盒等。从传播数据来看，话题播放量突破2亿，带动机构课程销量增长300%，用户留存率高达85%，远超行业平均水平的45%，成功实现了线上教学的高效传播与互动。

第三节　案例的经验总结与启示

一、技术适配的黄金法则

在教育技术应用的初级阶段，应优先考虑采用轻量化工具，例如增强现实（AR）技术或短视频，以防止技术复杂度过高而削弱学生的学习兴趣；在高级阶段，可以引入高沉浸式系统，如元宇宙，但必须确保有相应的计算能力支持和教师培训，以保障技术的有效应用。

二、文化融合的关键路径

对于显性文化元素，如礼仪、节日等，通过场景模拟的方式能够让学生迅速掌握；对于隐性文化元素，如价值观、思维模式等，则需要结合项目制学习，让学生在实践过程中深入内化，从而实现文化的全面融合与深刻理解。

三、数据驱动的迭代机制

构建"教学实施—数据采集—模型优化"的闭环至关重要。例如，依据人工智能监测到的学生注意力分散时段，如课间25～30分钟，动态调整知识点讲解时长，不断优化教学流程，以提升教学成效。

第四节 日语教学创新效果的评估与反馈

对日语教学创新效果进行科学、全面的评估与反馈，是推动教学持续改进和发展的关键环节。通过建立完善的评估指标与方法、深入分析学生学习成果，并依据评估结果进行教学调整与改进，能够不断优化日语教学创新实践。

一、多维度评估指标体系

（一）语言能力指标

该指标体系既包含量化数据，如 JLPT 通过率、高考平均分、通过 Praat 频谱分析得出的发音准确率等，又有质性评价，例如企业导师对商务邮件写作的满意度评分，从多个角度全面衡量学生的语言能力等。

（二）文化能力指标

运用跨文化敏感度量表（ICS）本土化修订版，以及 VR 场景中的非语言行为合规率，如鞠躬角度误差 ≤ 5° 等指标，精准评估学生的文化能力。

（三）技术素养指标

通过 AI 工具使用熟练度，如 DeepSeek 功能调用频次，以及数字作品影响力，如短视频播放量、论文引用率等，综合考量学生的技术素养。

二、混合式评估方法

（一）过程性追踪

利用学习分析系统（LMS）详细记录学生的登录频率、练习时长、错题分布等学习过程数据；借助眼动仪监测学生在阅读教材时的焦点区域，从而优化教材排版设计，为教学提供有力支持。

（二）结果性测评

采用对比实验，对比传统班与创新班的 N1 通过率差异，如 65% vs 82%；进行纵向追踪，分析毕业生三年内职场晋升速度与教学模块的相关性，全面评估教学效果。

三、学生学习成果的评价与分析

（一）量化数据分析

1. 高考日语生群体

某省实验校采用 AI 错题本后，助词题型正确率从 54% 大幅提升至 79%，进步显著；然而在作文模块，由于学生过度依赖模板，文化表达得分仅提高 9%，这提示我们需要及时调整 AI 生成策略，以提升学生的作文水平。

2. 专业学习者群体

参与跨境电商项目的学生，日语商务文书写作速度提升了 60%，展现出实践项目对职业能力的促进作用。但部分学生反映技术工具的使用占用了过多精力，导致文学鉴赏能力下降，这表明我们需要合理平衡课程权重，确保学生各项能力的全面发展。

（二）质性反馈挖掘

1. 学生访谈

学生们积极分享学习感受，如某高级班学生表示"VR 文化体验让我真正理解了'以心传心'的含义"，真切感受到了创新教学的魅力；某中级班学生则提出"AI 纠音虽好，但缺乏真人教师的发音细节指导"，这就为教学改进提供了方向。

2. 教师日志

教师在教学过程中也积累了宝贵的经验，如"元宇宙教学需提前 3 小时调试设备，技术故障率影响课程流畅度"，这反映了技术应用中的实际问题；"跨学科项目大幅提升了学生的协作能力，但跨院系协调成本过高"，这为教学管理提供了参考。

四、根据评估结果进行教学调整与改进

（一）技术工具的优化路径

1. 精准度提升

针对 AI 语音纠错系统存在的误判问题，如将方言特征识别为错误，可以通过加入区域语音库训练加以解决；在 VR 场景中增加"文化容错模式"，允许学生多次重试并对比最优解，从而提高学习效果。

2. 用户体验升级

开发"低配版"元宇宙入口，支持手机端 Web VR，扩大设备覆盖率，能够让更多学生参与；在 AI 助教界面添加"一键求助真人教师"功能，平衡人机交互体验，进而满足学生多样化需求。

（二）教学策略的动态调整

1. 内容重构

依据语料库分析结果，将教材中的过时案例，如传真写作，替换为 LINE 商务沟通模板，使教学内容与时俱进；增加"技术疲劳缓冲模块"，每 20 分钟 AI 互动后插入 5 分钟人文讨论，缓解学生学习疲劳。

2. 评价改革

引入"同伴互评 + AI 评分 + 企业导师评分"三元体系，权重占比 3：4：3，实现评价主体多元化；对文化敏感度低于 60 分的学生，强制追加 VR 场景补习课程，加强针对性辅导。

（三）生态系统协同建设

1. 校企数据互通

与日企共建"能力—岗位"匹配数据库，如将"敬语使用准确率"与"客户经理岗位"挂钩，为学生职业发展提供明确方向；企业向学校开放真实案例库，如纠纷处理录音，用于情景化教学，增强教学的实用性。

2. 教师能力再造

设立"教育技术认证体系"，教师需通过 VR 课程设计、Python 基础等考核，

提升教师技术素养；实施"企业浸入计划"，派遣教师赴日参与跨境电商运营，将实践经验反哺教学内容，提高教学质量。

日语教学创新的评估与改进是一个复杂而系统的工程，绝非简单的"技术叠加"。我们需要构建"数据—反馈—迭代"的生态闭环，实现教学的持续优化。未来的评估体系应更加注重长周期追踪，如毕业生十年职业发展分析，以及社会效益测算，如文化传播影响力指数，推动教学创新从单纯追求效率迈向价值共生的更高境界。只有如此，日语教育才能真正成为连接技术与人文、个体与世界的坚实桥梁，才能培养出更多适应时代需求的优秀日语人才，为中日文化交流与合作做出更大贡献。

第五章 创新思维在日语教学中的具体应用

第一节 "图式理论 + 合作学习法" 教学思维在日语课堂中的尝试

传统日语泛读教学主要侧重于词汇和语法等语言技能的传授，而忽略了对学生阅读分析能力的培养。"以教师为中心"的教学模式限制了学生的思维，不利于学生发散思维和创新感悟能力的培养，从而未能真正提高学生的阅读能力。"图式理论 + 合作学习"是阅读教学改革的一次重要尝试。

泛读课程旨在培养学生快速阅读的能力、深层理解文章的能力以及将所学知识应用于实际情境的能力。然而，传统的日语泛读课程存在两个主要问题。

首先，自上而下的教学方法过度集中于词汇和语法等语言知识的灌输，而忽视了语言背后的文化背景。这导致学生虽然掌握了语言的基本结构，但在理解和使用时往往缺乏灵活性和深度。

其次，在教师为主导的'一言堂'教学模式下，教师成为课堂的主角，学生被动接受知识。这种情况下，学生可能只是机械地理解文本的表面意思，而非深入探究作者的意图或文章的主题，从而限制了他们的阅读理解能力。

当前，为解决上述问题并提升学生的日语阅读理解能力，教育者正积极探索日语读写教育的改革之道。其中，"图式理论 + 合作学习法"是一个有效的尝试。图式理论强调利用已有的知识结构来理解新的信息，通过构建和更新图式来加深对文本的理解。而合作学习法则鼓励学生之间的互动与协作，以增强他们的参与度和主动性。

结合以上这两种方法，可以创建一个更加积极的学习环境，让学生能够在课堂上主动参与讨论，分析文本，并用自己的方式去理解新内容。该方法不仅能助力学生扎实掌握语言知识，更能激发他们的批判性思维能力，并强化团队协作技巧，进而全方位提升日语阅读理解能力。

一、"图式理论 + 合作学习法"的基本内容

（一）【图式理论】与【合作学习法】的理论构建及发展轨迹

1. 图式理论的形成与演进

（1）哲学渊源与心理学奠基：图式理论的学理脉络可追溯至18世纪德国古典哲学。康德（Kant, 1781/1990）在《纯粹理性批判》中首次系统阐述了"图式"（Schema）这一先验认知形式，将其界定为"连接感性与知性的第三要素"。至20世纪初，英国心理学家巴特利特（Bartlett, 1932）通过经典的"幽灵战争"记忆实验，实证了图式在信息加工中的重构特性，奠定了现代图式理论的实验基础。

（2）认知发展理论的融合：皮亚杰（Piaget, 1950）将图式概念引入发生认识论，提出认知发展的双重机制：同化（Assimilation）指将新经验纳入既有图式；顺应（Accommodation）则是调整图式以适应新经验。这一动态平衡理论为语言习得研究提供了重要启示，特别是对日语这种具有独特语用特征的语言学习具有特殊解释力。

（3）现代认知科学的深化：20世纪80年代，鲁梅尔哈特（Rumelhart, 1980）提出"故事语法"理论，揭示图式在语篇理解中的框架作用。安德森（Anderson, 1983）进一步区分了语言图式（linguistic schema）、内容图式（content schema）和形式图式（formal schema），这一分类直接影响后续二语教学研究。在日语教学领域，小池（1998）通过实证研究发现，学习者对"は"和"が"的区分准确率与句式图式的完善程度呈显著正相关（$r=0.71$, $p<0.01$）。

2. 合作学习法的理论沿革

（1）社会建构主义的理论根基：维果茨基（Vygotsky，1978/2012）的社会文化理论构成合作学习法的核心基础，其提出的"最近发展区"（ZPD）概念表明：学习者的潜在发展水平在协作情境中能得到最大程度展现。这一理论对日语教学尤为重要，因为日语本身就具有鲜明的社会互动特性（如待遇表现、ポライトネス理论）。

（2）系统化理论模型的建立：约翰逊兄弟（Johnson & Johnson，1987）构建了合作学习的五要素模型：

①积极的相互依存（Positive Interdependence）

②面对面的促进性互动（Face-to-Face Interaction）

③个体责任（Individual Accountability）

④人际技能（Interpersonal Skills）

⑤小组加工（Group Processing）

（3）日语教学的本土化发展：日本学者在引进西方理论时进行了创造性转化。例如，佐藤（2005）提出的"協働的日本語学習"（Collaborative Japanese Learning）模式，将传统的"班级会议"形式与现代合作学习理论相结合，在初级日语课堂中取得显著成效（学习效率向上 32%，n=150）。

3. 理论整合的学理基础

（1）认知与社会维度的辩证统一：图式理论关注个体内部的知识表征，而合作学习强调社会互动对认知的塑造。两者在日语教学中形成互补：语言图式的建构需要社会情境的激活（如角色扮演中的敬语使用），而协作过程又依赖成员间的图式共享（如文化背景知识的交流）。

（2）双重编码的理论支持：Paivio（1986）的双重编码理论（Dual Coding Theory）为整合提供了新视角。在日语学习中，汉字（表意文字）与假名（表音文字）的并行处理需要视觉图式与语音图式的协同，而合作学习中的多模态互动（如小组汉字卡片游戏）正能促进这种双重编码。

（3）神经教育学的实证支持：近年 fMRI 研究（田中，2020）发现，日语学习者在协作任务中，布洛卡区（Broca's area）与镜像神经元系统（Mirror Neuron

System）的协同激活程度，与语法图式的形成速度呈正相关（$\beta=0.63$，$p<0.05$）。这为理论整合提供了神经生物学证据。

（二）在日语教学中的理论创新

在日语教学的理论创新领域，以下三方面内容构建起了新的理论框架，为教学实践带来了新的思路与方向。

首先，动态图式发展模型。鉴于日本语教育的独特特点，本研究提出了"三阶段图式协作模型"。该模型的第一阶段为"個別図式の活性化（个体图式激活）"，旨在激活学习者个体已有的知识图式；第二阶段为"グループ図式の調整（小组图式调整）"，通过小组内的互动与交流，对个体图式进行调整与完善；第三阶段为"共有図式の構築（共享图式构建）"，促使小组成员共同构建起共享的知识图式，以此推动日语知识的内化与深化。

其次，文化图式在日语教学中需予以特殊考量。日语教学中存在着独特的文化图式，诸如"ウチ/ソト（内/外）意识""間（ま）的文化概念"以及"謙譲语/尊敬语的使用场域"等。这些文化图式蕴含着丰富的日本文化内涵，仅靠传统的教学方式难以让学习者真正理解和掌握。而合作学习中的情境模拟方法，则能有效地将这些抽象的文化图式具身化（Embodiment），让学习者在实践中感受和理解文化图式的内涵，从而提升教学效果。

最后，智能教育技术的发展为理论整合提供了新的可能性，创造出技术增强的协作环境。例如，AR虚拟会话系统能够模拟真实的语言使用场景，促进学习者语境图式的建构；AI写作辅助工具可以实时对学习者的写作进行反馈，实现图式的即时调整与完善；学习分析（Learning Analytics）技术则能够追踪学习者图式发展的轨迹，为教学提供数据支持和决策依据。

图式理论与合作学习法的整合并非简单的理论叠加，而是在认知科学与社会建构主义的辩证关系中，发展出的具有日语教学特色的创新框架。这一整合为日语教学创造了新的范式可能。然而，为进一步推动日语教学理论的发展，后续研究还需从以下几个方面进行深入探索：一是跨文化图式迁移的认知机制，以了解不同文化背景下学习者的图式转换过程；二是混合式学习环境中的图式协作模式，充分发挥线上与线下学习的优势；三是神经语言学层面的理论验证，从神经科学的角度为图式理论提供更坚实的理论基础。通过这些方面的探索，有望推动日语教学理论向更纵深的方向发展。

巴特利特（Bartlett）心理学家提出："图式构成了知识的基础。"阅读材料内容的理解，依赖于读者的知识储备能否激活相关知识。阅读理解并非单一的信息接收过程，而是读者与阅读材料之间进行的双向互动，涉及语言、内容和形式等多维度的交互作用。

在此过程中，理解词汇、句子或段落的含义，不仅依赖于语言知识（即语言图式），还包括以下要素：

（1）语言图式：涉及读者已掌握的语言知识，包括词汇和语法结构。它对读者理解与构建文本意义起关键作用。

（2）内容图式：涉及读者对阅读材料主题和学科领域的知识。若读者对某一主题具有丰富的背景知识，则能更有效地理解相关文本内容。

（3）形式图式：涉及读者对文章体裁的认识，如新闻报道、学术论文、小说或诗歌等不同文体的特点。对文本形式的理解有助于读者更准确地把握作者的意图和表达方式。

该学习方法"以学生为中心"，通过小组合作学习，能够促进学生之间的互动与合作，从而提高学习效率。此方法颠覆了传统"以教师为中心"的课堂模式，要求教师转变为指导者和促进者，而学生则需掌握协作、沟通及问题解决等关键能力。这种做法不仅增强了学生学习的主动性和参与度，还促进了其批判性思维和团队协作能力的发展。

二、"图式理论＋合作学习法"与日语泛读教学

依据图式理论，阅读理解构成了一个复杂的认知过程，该过程涉及读者运用其大脑中既存的知识结构（即图式）对文本信息进行解读与理解。此过程涵盖了将文本信息与读者的背景知识进行匹配，并在此过程中对这些图式进行更新与扩展。

在日语泛读教学实践中，教师扮演着至关重要的角色，其职责在于激发并构建学生所需图式，从而促进学生阅读理解能力的提升。

然而，为了实现图式激活教学的有效性，学生必须积极参与，教师亦应避免沿袭传统的"一言堂"教学模式。合作学习法本质上是一种"以学生为中心"的教学模式。

结合图式理论与合作学习模式，教师依据图式理论设计任务，消除潜在难点，学生则以小组形式协作完成。这样，教师通过鼓励学生主动参与，促进他们在头脑中建立相应的图式，从而帮助学生将已有的知识和新知识联系起来是一种有效的教学方法。它可以帮助学生快速理解课文，并提高他们的阅读能力。这种方法主要利用了学习者的认知规律。[①]

三、"图式理论 + 合作学习法"在日语泛读课堂教学中的实践

（一）实践对象

本研究在某校 2020 级 26 名日语学生中开展，历时四个学期，该班级被命名为"实验班"。

教师运用纵向研究法来评价实验成效。具体而言，选取 2019 级的 26 名学生作为对照组，该组学生入学时的背景与实验组相似，并且在实验期间将继续接受传统教学方法的指导。

实验选用高等教育出版社出版的《日语泛读教程》第二册作为教材，以确保对照组与实验组所用教材一致，便于精确评估两种教学方法之间的差异。

（二）科学分组

依据成绩、性格及学习态度，实验班的学生被分为四组（每组五人）及一组（每组六人），每组设有主持人、记录员及代表。每个小组都被分配了不同的任务，需要小组成员的积极合作。

（三）任务分配

教学任务为解释课文，于小组展示前一周分配给五个小组，通过准备、信息搜集、教案编制及舞台展示来完成。

① 李明姬. 日语教学与思维创新研究 [M]. 成都：西南交通大学出版社，2017.

（四）具体任务和实施过程

1.具体任务

（1）第一组：小组任务涵盖查找主题、作者信息，搜集日本商店的详细情况（如数量、产品类型及特色），以及参观中国商店，对比中日商店差异。采用并构建内容方案，能有效提升学生对阅读材料的理解能力。流程图作为阅读理解的高级工具，要求读者具备更丰富的知识储备，并专注于高级信息处理，从而提升理解力。为实现此目标，教师应拓展学生的知识面，缩小文化差异，并激发他们的想象力。

（2）第二组：任务包括根据标题、首尾的语言来预测文章大意，以及说出插图的主要含义。进一步激活内容计划。要求学生从标题、插图、注释、出处、首句和末句预测文章内容。这样可以激活已记忆的相关图式，帮助他们比较、思考和处理阅读材料中的信息，形成对论述的初步理解。

（3）第三组：在讲授如何写说明文时，教学生回忆文章的计划，熟悉文章的结构，了解说明文的主题。他们可以根据体裁对段落进行分类，概括段落大意（提醒学生这是一篇说明性文章），分析表达顺序和方式，找出揭示作者主旨的段落。

激活和塑造形式图式是提高阅读理解能力的重要步骤。文章的体裁不同，它们的写作风格和结构有很大的差异，学生调动头脑中的形式图式，就能更好地理解和欣赏这些差异。激活和塑造形式图式的主要目标是激活学生在汉语中获得的有关文章体裁知识的现有形式图式。

（4）第四组：激活和发展语言模式。缺乏正确的语言模式，学生将难以认识课文中的词语和句子，更不用说深入理解其内容了。通过学习重要的单词和句子结构，分析复杂的长篇文章，讨论如何更好地翻译美文，可以培养学生的语言技能。教师可以指导学生分析句子结构，理解其含义，并解释新出现的表达方式。然而，在布置相关任务前，教师需要为学生提供必要的参考资料，帮助他们激活并理解句子的语言系统。例如，在日语中，前缀位于句末，句末决定句意，修饰语较长，句子结构的特点是"头大尾小"，谓语往往位于句末。

（5）第五组：不同图式的整合与应用。在阅读理解教学中，通过小组活动和讨论，学生不仅能够进一步整合和扩展他们的阅读图式，还可以将从图式中获得的知识转化为实际的技能，并将其应用于学习和生活中。这些活动不仅能加深学生对文本的理解，还能有效提升他们的沟通、协作以及解决问题的能力。此外，这些活动也能激发学生的兴趣和参与感，使他们能更积极地参与到阅读过程中来，从而提高阅读理解能力。

2. 实施过程

各小组轮流发言，时间为 8 分钟。发言后若仍有疑问，另一小组继续发言，教师随即点评并引导学生探讨难题。活动尾声，教师用约 10 分钟总结，全程耗时 90 分钟。需强调的是，各小组在完成任务的同时，亦需关注他组进展，洞悉全局动态。

（五）检查和评估实验的影响

本研究通过实施"图式理论＋合作学习"的教学模式，对日语泛读教学的有效性进行了实证分析。研究结果表明，实验组学生在理解文章主旨、概括内容、辨识因果关系及作者论点等方面展现出显著优势，这正验证了该教学模式能有效提升学生的综合理解力和认知能力。

此外，实验组学生的阅读速度亦有所提升，此现象可归因于合作学习中阅读策略和技巧的更佳掌握。通过访谈、课后反馈及学生评价，发现学生普遍对这种新型教学模式持积极态度，认为其使阅读课程更具趣味性，并有效提升了阅读能力。部分学生甚至开始自发地阅读日本历史、文学等相关领域的书籍，这反映出他们的阅读兴趣和自信心得到了显著提升。同时，学生间及师生间的交流亦更为频繁，同学间的友谊得到加深，形成了积极向上的学习氛围。

研究结果表明，"图式理论＋合作学习法"的教学模式在日语泛读教学中具有显著的正面效应，能够有效提升学生的阅读理解能力、增强学习兴趣，并促进学生间的合作学习。

"图式理论＋合作学习"模式能够迅速达成阅读教学的目标，提升学生的综合阅读能力，并增强学生的创造性思维和阅读兴趣。此外，该模式还有助于构建更为和谐的师生关系。

然而，该教学模式亦存在若干问题。例如，教师布置的任务可能过多或过于复杂，导致学习能力较差的学生难以完成；同时，教师在控制学生发言和讨论时间方面也面临挑战。

为解决上述问题，可采取以下措施。

第一，因材施教：确保作业内容的精确性和简洁性，避免给学生带来过重负担。

第二，强化引导和监督：明确小组内各成员的角色与职责，特别是小组长的领导职责。教师应作为引导者和监督者，密切关注学生的学习动态，及时提供必要的指导和帮助。

第三，及时提醒：当学生出现疲劳或偏离主题时，教师应及时进行提醒，帮助他们重新集中注意力，维持学习的积极性和专注力。

通过这些策略，教师能够帮助学生更有效地运用"图式理论与合作学习"模式，从而进一步提升他们的阅读理解能力和团队协作能力。

日语阅读理解的目标在于通过激活和构建新的知识结构（即图式）来增强学生对文本的理解能力。而"合作学习法"则强调团队协作、沟通技巧以及问题解决能力的培养。将"图式理论"与"合作学习法"相结合，为日语泛读教学开辟了新的路径，引领教学方法的创新与发展。该模式不仅关注学生的个体学习过程，还鼓励他们与同伴进行互动，共同解决问题。这不仅有助于学生更好地理解阅读材料，还能增强他们的团队协作能力和沟通技巧。

综上所述，"图式理论＋合作学习法"的模式是一种有效的日语泛读教学模式，它能够提升学生的阅读理解能力，并培养他们的团队协作和沟通能力。

第二节　基于 OBE 理念的日语专业核心课程教学

随着我国教育改革的持续深入，教学过程中引入成果导向教育（Outcome-Based Education，OBE）理念，强调"以学生为中心"的教学模式，有助于促进学生主动进行探究式学习，从而提升教学活动的成效。结合"互联网＋"的思维，构建创新的日语教学环境，不仅能够满足不同层次学生的学习需求，而且能够增强学生的自主学习能力。采用多维动态学习评价体系，有助于提升学生的应用技能和实践能力，确保学生能够有效地获得学习成果。因此，探索基于 OBE 理念的教学模式改革，对于推动地方高校的转型与发展，提升应用型人才的培养质量具有重要的意义。

随着社会持续进步与经济的繁荣发展，社会对具备创新精神与商业智慧的人才需求日益增长。现行的教育模式因循守旧，已无法满足这些新兴需求，因此教育改革成为迫切之需。社会、经济以及整个教育体系亟须注入创新动力，以适应不断变化的世界。

实施"以学生为中心"的教育理念，已成为现代教育改革的核心目标。在此理念指导下，教师的角色由传统的知识传授者转变为学生学习过程中的引导者与支持者。该模式旨在激发学生主动学习的积极性，促进他们在探索过程中发展个人兴趣，提升技能，并培养独立解决问题的能力。

一、以成果产出为导向的 OBE 教育模式

成果导向教育（OBE）的概念最早出现在美国，并且后来在许多国家，包括澳大利亚、英国和加拿大等国得到了广泛的应用。这种教育模式强调以学习成果为基础，关注学生实际能够达到的学习结果和能力。[①]

与传统教育模式相异，OBE 的逆向结构首先确立预期的学习成果，随后设计相应的教学活动以助力学生达成既定目标。该方法促进了开放式教育模式的发展，即一种以学习成果为导向，驱动教学活动并评估学生学习成效的教育模式。此模式的优势在于使教育目标更为明确，并激励教师创新教学策略，以更有效地满足学生个性化学习的需求。

OBE 的核心特征可概括为以下几点。

（1）学习成果目标明确：首先界定并详尽阐释学生应掌握的知识、技能及态度。

---

① 李宁宁. 日语教学与思维创新探索 [M]. 长春：吉林人民出版社，2019.

（2）逆向课程规划：从预期的学生学习成果出发，逆向规划课程内容与教学活动。

（3）评价焦点的转移：评价不再局限于过程或输入（例如出勤率、作业完成度），而是聚焦于学生实际获得的学习成果。

（4）持续的教育改进：通过定期收集与分析数据，持续调整教学策略以提升学生学习成效。

（5）促进学生自主学习：使学生明确自己的学习目标，从而激发其主动性和责任感。

以 OBE 理念为基础，该教育模式致力于培育具备更高竞争力的毕业生。这些毕业生不仅拥有坚实的专业知识基础，还应具备解决实际问题的能力，以便在毕业后能够迅速适应职场和社会的需求。OBE 理念以学习成果为核心，逆向设计教学架构和评价体系，引导学生进行渐进式学习，确保学生能够将理论知识与实践技能有效结合，以满足社会对高技能人才的迫切需求。

二、OBE 教育理念下高校教育具备的特点

（一）以结果为导向，以学生为中心

在基于成果的教育（OBE）模式中，学生的最终学业成绩成为评估人力资源开发成效及教学质量的关键指标。该模式"以学生为中心"，注重学生的最终学习成果在教育规划、资源配置、评估等关键环节占据核心地位。

为达成此目标，教育从业者必须首先做到以下几点。

（1）明确并详尽地界定预期的学生学习成果。

（2）阐释这些学习成果的重要性，并阐述其与学生职业发展路径及社会需求的紧密联系。

（3）设计有效的教学活动与策略，以促进学生实现既定学习成果。

（4）构建公正且透明的评价体系，定期收集并分析数据，以全面评估学生的学习进展和成果。

（5）通过持续改进教学方法和完善支持服务，促进学生学习成功，并向其

传授必要的技能和知识。

成果导向教育致力于培养具有竞争力的毕业生，使其不仅掌握专业知识，还具备解决实际问题的能力。该模式激励教师创新教学方法，关注学生个性化学习需求，并以学生为中心进行教育规划和决策。

（二）以能力为基础进行个人评估

当前，学生所具备的各类能力，包括认知能力、创新思维能力以及分析和解决问题的能力等，对其个人发展具有至关重要的作用。这些能力不仅有助于学生在学术领域取得卓越成就，而且能够促进其更好地适应不断变化的工作环境和社会需求。此外，教师能够根据学生之间的差异性，实施分类指导策略，设立不同的评价标准，并适时调整评价周期，以便精确评估学生的学习成效。

借助这些策略，教育从业者能够更有效地满足学生的需求，助力他们达成个人发展目标，同时提升教学品质、推动教育体系的持续优化与进步。

（三）自主学习与合作学习相结合

在"互联网 +"时代背景下，学生通过网络资源实现了自主学习，显著简化并加速了学习进程。教师向学生提供最新学习资源，以助其实现既定学习目标。

教师亦可对学习环境进行创新改造，与学生共同探索问题的解决策略。此策略旨在培养学生的创新思维、批判性思维及问题解决能力，并同步增强其社交技巧与团队协作能力。

在该教育模式下，学生从传统的知识被动接受者转变为学习过程的积极参与者。他们能够基于个人兴趣与需求选择学习内容，运用多元化的学习方法，并与同伴共享资源与经验。这种开放式教育模式能够激发学生的热情，提高学习成效，为他们的学术生涯与职业发展奠定坚实的基础。

三、OBE 理念下专业核心课程教学模式改革的必要性

作为知识体系的载体，核心课程是学生在学习过程中必须掌握的能力架构，亦是课程体系及能力建设中的关键要素。核心课程的教学成效直接关系到人才培

养的质量，且核心课程的改革是高等教育机构转型发展的关键环节。

在高校转型进程中，传统教学方法已难以满足社会对人才的新需求。因此，核心课程改革成为转型的关键一环。我们需对核心课程进行改革，使其适应新教育环境，培养具有创新与实践能力的人才。[①]

例如，"综合日语"和"日语听力"是大学日语专业的主要课程。然而，在当前的教学实践中，可能会遇到以下挑战。

以教师为主导的教学方法常采用灌输式教学策略，导致课堂形式单一。该模式偏重基础理论传授和应试技能培养，却忽视了学生批判性思维和跨文化沟通能力的培养。同时，知识学习与创新实践的分离，可能使学生更侧重于知识积累，而忽视了实际能力的提升。

在传统教学模式下，学生知识获取渠道有限，教学方法单一，这限制了学生获取新知识、处理信息及解决问题能力的全面发展。

传统教学方式聚焦于学科考试内容，过分强调竞争，这阻碍了学生创新思维和应用能力的培养。

四、基于 OBE 理念的日语专业核心课程教学实践

明确日语学习者在学业完成时应具备的能力标准，以及毕业五年后应达到的能力水平，这些标准应由其课程和学科成就来支撑。这涵盖了他们在各学科的学习成果、日语核心课程的掌握情况以及学习的连贯性等方面。

在知识获取方面，学生需要深入理解并掌握目标语言国家的语言、文化、文学等相关知识。在技能发展上，他们应熟练掌握日语的听、说、读、写、译等各项技能，并能自如地进行交流。此外，我们还着重培养学生的国际化素养和能力。

基于成果驱动的教育理念，我们已经实施了以下改革和实践措施。

（一）以学生为中心，变灌输式为启发式教学模式

首先，教师的角色正经历深刻转变，由单纯的知识传授者逐渐转变为引导学生自主学习的指导者。例如，在综合日语教学中，已经不再局限于传统的个别教

---

① 张锐. 现代日语教学思维创新与实践探索 [M]. 长春：吉林人民出版社，2021.

学方式，而是采用研讨式、启发式的教学方法，鼓励学生积极参与，成为主动的学习者。

教育的目标已从单一的知识传授，转变为涵盖知识、能力及文化体验在内的多元化目标体系。成果导向的情境教育、探究为基础的情境教育、文化为重点的教育以及"以学习者为中心"的教育理念相融合，形成了新的教育模式。这种模式旨在优化学习者的角色，使他们能够更好地掌握知识并将其应用到实际情境当中。

任务型教育注重通过完成具体任务，将专业知识与实践相结合，以此培养学生的批判性思维、创新意识、研究技能及团队协作能力。这种教育方式能够提升学生的综合素质，有助于他们的职业发展。

（二）利用教育技术，帮助学生达成目标

随着教育信息化的迅猛发展，诸如慕课、微课以及翻转课堂等新型学习模式，正逐步得到广泛应用。因此，本研究提出在网络课堂中整合新型教育技术，以革新核心课程的教学方法，赋予学生学习的自主性，并实现个性化分层教学。

此外，本研究建议构建数字化学习资源体系，以促进日语教学的发展，并丰富核心素养的教学内容。例如，在基础日语教学过程中，教师应精心挑选适合教学与自学的材料，构建相应的资料库，以便学生能够便捷地进行自学，从而有效地达成学习目标。

（三）开发多维动态学习评估模型

为促进学生学习能力的提升，构建一个多元化且充满活力的国家语言评价体系显得尤为必要。该体系将采纳个性化评分标准，"以学生为中心"，强调其学习的主动性和独立性。在改革过程中，将减少教师作为唯一评价者的角色，鼓励学生及其同伴参与，共同构建多元化的评价体系。评价过程将更为全面和公正，有助于推动学生的全面发展。

本研究将充分利用各类评价方式，包括诊断性评价、形成性评价和终结性评价，并结合定性评价与定量评价，以持续检测学习效果。基于学习效果的反馈，教师能够调整教学过程和方法，进而提高教学质量。

在大学日语入门课程的教学过程中，本研究采纳了"以学生为中心"、教师引导、问题驱动的 OBE 教学理念，并结合"互联网 +"思想，实施了一系列改革与创新措施。

这些改革旨在营造一个激励学生自主探索、合作学习的日语学习环境，并融入多角度动态的学习评价机制。该教学策略有效地提升了学生的学习态度、自我学习能力，并对课堂教学效果产生了积极影响。

总体而言，基于开放教育理念的教学方法改革有助于培养更具适应性的人才，也是地方高校转型发展的有效途径。此类改革有助于为社会提供更加适应时代需求的人才资源。

第三节　OPI 在日语教学中的应用

近年来，我国在日语教育领域积极拓展国际合作，致力于培养具备高水平日语能力和实践技能的国际化人才。同时，通过深化教学改革，建立了与日本顶尖大学的学术交流机制，以促进国际视野的拓展。如何提升及评估学生的日语能力，已成为日语教师亟待解决的关键问题。尽管在课堂上，教师们越来越多地采用任务型教学法以增强学生的日语交际能力，但在评估口语技能和规划课堂活动方面，仍需更为科学和系统的方法论。本研究结合国内日语教学的现实状况，对口语能力面试（Oral Proficiency Interview，OPI）评估体系的测试流程和评估标准进行了深入分析，并提出了基于 OPI 评估体系的日语教学与测试的综合框架。此外，本研究还探讨了该框架在课堂教学中的应用与实践验证。

一、OPI 口语能力评价体系

（一）OPI 发展概况

由美国外语教学委员会（ACTFL）与美国教育考试服务中心（ETS）共同研发的口语能力面试（OPI）是全球范围内公认的具有高信度和高效度的口语能力

评估体系之一。该体系的显著特征在于将交际性原则贯穿于真实对话情境中，并激励受试者完成不同难度级别的语言表达任务。OPI 的核心目的在于评估语言学习者在实际口语交流中的能力，而不仅是评估其语法知识或词汇量的掌握程度。1990 年 3 月，美国外语教学委员会通过了欧盟国家英语水平评估（NAEP）的验证，并与日本综合教育机构（JGOE）携手推出 OPI。同年 3 月，ACTFL 与 JGOE 合作，举办了"第一届日本 OPI 考官培训科学会议"，在该会议上对 OPI 的理论研究进行了介绍。此次会议引起了学术界的广泛关注。

（二）OPI 的测试程序和评估标准

OPI 评估涉及与 ACTFL 认证考官进行一对一的口语面试。整个面试过程将被录音，通常持续约 30 分钟，其具体时长则依据考生的语言能力而定。考官以自然流畅的口语与考生进行交流，并在不中断面试流程的前提下，对考生的语言能力进行客观且全面的评价。

OPI 注重实用交流技能，学员通过"热身""深化""探索"和"结束"四个阶段的对话，逐步提高语言技能。整个课程涵盖四个阶段，分别是"热身""深化""探索"以及"收尾"。低级课程和高级课程采用"对话"和"任务"两种模式。在"对话"模式下，受试者需针对真实问题提供真实且准确的回答。而在"任务"模式中，则会构建一个虚拟情境，受试者与考官需分别扮演不同角色，共同完成模拟面试。通过在真实情境和虚拟情境之间切换，主考官可以对受试者的语言技能进行全面客观的评估，分析其回答策略、表达准确性、语言类型、对话主题的深度和广度等各个方面。在测试过程中，考官会营造一种轻松舒适的交际氛围，确保测试难度适中，旨在帮助受测者缓解焦虑情绪、克服挫折感，从而重拾交际信心，并激励他们在补习阶段结束后，继续保持学习和练习外语的热情。今后，我们将恢复中等难度的考试。①

OPI 是一种科学且有效的外语口语水平评估工具，其核心在于评估学习者在目标语言文化背景下完成交际任务的能力。该评估体系的评价标准主要涵盖以下四个核心要素。

---

① 李宁宁. 日语教学与思维创新探索 [M]. 长春：吉林人民出版社，2019.

（1）任务完成的综合能力和质量：此要素旨在评估学生在对话中执行信息询问、观点表达、建议提出等交际功能的能力，并考察其处理任务的效率及成果。

（2）社交语境与话题适应性：该要素着重考察学生是否能够适应不同社交语境的语言使用规范，并评估其在讨论多样化话题时的表现。这包括区分正式与非正式语境的能力，以及根据话题内容选择合适词汇和表达方式的能力。

（3）对话类型多样性：此要素关注学生进行不同类型对话的能力，例如叙述故事、进行辩论、发表演讲等。通过评估学生在不同交流需求下灵活运用语言的能力，可以判断其口语水平。

（4）语言准确性：此要素涉及对语法、词汇、发音和社会语言能力的综合评价。具体而言，语法评价包括句子结构、时态、语态等；词汇评价涵盖词汇量、用词适当性、词汇丰富程度等；发音评价则关注语音、语调、重音等方面的正确性；社会语言能力评价则涉及对目标语言文化的理解和应用，如礼貌表达、习俗用语等。

基于这些评估要素，OPI 致力于全面分析学生的口语能力，并为其口语能力的提升提供针对性的反馈和建议。

OPI 的评价量表划分为基础、中级、高级等不同层级。除第三级外，基础、中级和高级均进一步细分为上层、中层和下层三个子层级。通常情况下，初级水平要求学习者能够就具体及抽象话题进行逻辑推理，并适应正式与非正式场合；中级水平则要求学习者能够详细描述与叙述，灵活运用时态，应对复杂情境，并能进行流利对话，满足基本生存需求。而基础阶段的学习者通常仅限于单词、短语及句子的记忆，缺乏灵活运用句子结构的能力。

二、OPI 在日语教学中的具体应用

传统的日语教学方法主要集中于词汇和语法的教学，重视知识的输入，却相对忽视了语言输出的实践。这种教学模式常被认为单调且缺乏明确的学习目标，考试内容过于标准化，未能有效评估学生的实际口语交际能力。

相比之下，OPI 作为一种全球认可的口语能力评估方法，以其高信度和效度著称。它为日语教学提供了一个科学的评估框架，并通过综合任务／功能、场景／

话题、语言形式和正确度等要素，全面评价学生的口语能力。OPI 的评分标准将语言能力细致地分为初级、中级、高级和最高级，进一步细分为低、中、高三个等级，确保了评估的客观性和准确性。此外，OPI 在日语口语教学中的应用也显示了其在真实会话中促进交际能力的潜力，为应用型人才教育体系建设提供了有力支持。

OPI 口语技能测评覆盖了从初级到高级的各种交际能力层次，因此其测试结果能够为各个阶段的日语教学效果提供有价值的参考依据。这使得教师可以根据学生在不同水平上的表现来调整教学策略，确保他们的口语技能得到全面发展。同时，这样的评估也有助于促进课程设计的改进和教学质量的提升。

为了转变教师的角色并引入"以学生为中心"的会话教学，教师可以采取以下措施。

（1）利用 OPI 测试仪和多种教学方法：借助 OPI 测试仪等先进工具，结合多样化的教学策略，能够有效激发学生的口语表达热情，并促使他们更加关注实际生活中的口语应用场景。

（2）布置高层次的交际任务：为学生设计更具挑战性的交流任务，诸如角色扮演、小组讨论等，让他们在贴近真实语境的活动中充分锻炼日语口语。

（3）打破课堂界限：借助真实场景的图片和视频资料，引导学生对这些素材进行细致入微的描述，以此培养他们的联想力与想象力。同时，还可以让他们扮演对话中的不同角色，增强他们的口语交际能力。

（4）提高学生的日语输出质量：教师可以通过提供关键线索或提示来帮助学生提高他们的日语输出质量，确保他们在交流中能够准确、流利地表达自己的想法。

（5）逐渐转向社会主题：随着课程的深入，照片和视频的内容可以从个人层面逐步扩展到社会层面，让学生有机会接触到更多的社会话题，提升他们的跨文化交际能力。

教师可以就从具体到抽象的话题提出启发性问题，鼓励学生发散思维，鼓励学生积极参与小组访谈、演讲及讨论，以此拓宽思维，培养更宽广的视角与宏观认知，让学生有机会用日语就各种话题表达自己的观点，并倾听他人的意见。

在外语交流时，人们往往倾向于避免复杂表达，选择简单通俗的语言进行基础交流，从而降低了表达的完整性。因此，教师可借鉴主考官提问技巧，引导学生自信、平等地运用日语交流。通过设计富有意义且层次分明的问题，有效提升其语言水平。在师生对话过程中，教师应细心观察学生的反应，避免打断，积极回应并评价，产生情感共鸣。课后及时解答疑惑，构建良好互动的氛围。

同时，教案是教学的重要组成部分，每位教师都需要在教学前做好充分准备。不断改进和提升教案质量是提高教学质量的关键环节。OPI 测试过程的科学结构不仅确保了对学生口语能力的高效评估，而且通过其交际性原则和真实会话过程的刺激，能够有效激发学生学习的主动性。

在第一阶段，通过问候和简单的提问将学生引入日语环境。在第二阶段，教师提供熟悉话题的会话任务，帮助学生展示日语技能，并为下一阶段更高级的会话任务建立信心。在第三阶段，教师要有针对性地培养学生的口语交际能力，鼓励学生突破口语表达的极限，充分利用日语，并利用示范语言材料自信地应对新语境中的交际任务。同时，教师通过创设虚构情境，布置交际任务，让学生分组表演对话，来巩固并提升新学的语言技能。小组展示情境后，教师播放日语母语者相同情境的对话视频，让学生通过反复比对，自主发现并纠正交流错误，总结对话结构。在"总结"阶段，教师引导学生重温那些熟悉的话题，放慢语速，营造一种平静和支持性的交流氛围，帮助学生重拾信心，减少焦虑和挫败感，让他们体验合作学习和发现的快乐，体会实现目标的成就感和喜悦感。他们还能感受合作学习的乐趣，享受实现目标后的成就感与喜悦。

引入强调实际交流技能的 OPI 语言评估项目至关重要。通过口语评估，学生可以练习词汇、句子结构和语法，结果通常是积极的。然而，在实际生活中所需的口语交际技能与课堂环境中展现的口语表达效果之间常常存在不一致。这主要归因于在现实交际课程中，对话情境往往超越了课本设定的情景范围，而课本情景通常假设学生能够自然而然地对日常言语交流作出恰当反应。公正、全面地评估学生在课外现实生活中的口语交际能力，有助于我们深入探究其表达能力和反应能力下降的根本原因。这将使我们能够明确制订针对性的目标和策略，进而提升学生的口语交际能力，确保他们在现实生活中能更自如地运用语言。这样的改进措施有助于缩小课堂学习与现实生活应用之间的差距，从而更好地培养学生的实际口语交际能力。

日语学习注重实用技能和文化交流技能，以适应实际工作的需要。传统的考核方式通常侧重于理论知识，而忽视了实践技能和创新精神的培养。评估方法过于依赖书面考试，缺乏评估者与被评估者的主动参与，且忽视了对评估结果的深入反思和有效反馈。为了解决这些问题，我们可以考虑引入 OPI 评价作为改进现有评估体系的参考。OPI 是一种科学、有效的口语能力评估工具，能够全面、客观地衡量学生的实际语言运用能力。为了更深入地了解学生在日语口语学习方面的表现和需求，本书开展了一项自我评价调查。这项调查不仅鼓励学生对自己的日语口语能力进行评价，还鼓励他们分享在实际交流中的口语表达体验和学习目标。这样做的目的是收集学生的反馈信息，以便更好地调整教学策略，提高教学质量。

调查结果显示，多数学生自评日语口语能力为发音不佳、词汇量匮乏及语法掌握不牢。众多学生更看重能用日语流畅交流及胜任日语工作这两大目标，期望 OPI 口语水平量表的引入，能全面客观地揭示学生的口语优势与不足，并科学具体地指导如何依据学生口语水平进行评估，而非停留于分数层面。此外，它还能帮助学生制订详尽的个人提升计划，并作为设定各级别学习目标的参考依据。随着中日贸易的迅速发展，对日语能力的需求与日俱增，迫切需要改变传统的日语教学方法。本书介绍了日语学习的 OPI 评估框架，并制订了实施评估指标的具体方法，结合实际教学，力图取得实实在在的效果。然而，要实现培养应用型日语人才的目标，仍需于细节之处不断完善。

第四节　新理念教学模式在日语教学中的应用

随着我国教育事业的持续发展与进步，各大高校对多语种教学的创新与应用越来越重视。在大学课堂中开设日语课程，有助于全面提升大学生的日语专业知识与能力，提高他们的外语综合素质。然而，我国高校的日语教学缺乏交流的语言环境，不利于学生将所学知识应用于实际。因此，在日语教学中引入新理念教学模式显得尤为关键。本节旨在通过分析我国日语教学的现状，深入探讨新理念教学模式在日语教学中的应用，为我国高校教育提供有益的经验借鉴。

目前，我国高校日语教学的现状表明，尽管学习者人数持续增长，但教学方法仍存在不足。例如，高校日语教学过于侧重理论知识的传授，而忽视了实践技能和表达能力的培养。这种状况严重限制了学生的自主学习能力和创新能力的发展。此外，日语教学研究中存在对学习主体研究较少、对语言理论引进不足等问题，这进一步揭示了教学内容和方法的局限性。

具体来说，当前高校日语教学存在的问题包括以下几点。首先，教学方法单一且枯燥，通常采用传统的灌输式教学方式；其次，教材内容缺乏趣味性，难以吸引学生的注意力和兴趣；再次，教学过程中过分强调知识的传授，忽略了对学生实践能力的培养；此外，教学模式以教师为中心，未能充分调动学生的主观能动性和积极性；最后，学生的综合能力有待提高，特别是在跨文化交际和创新思维方面。

上述问题不仅是日语教学创新的障碍，更阻碍了学生日语专业能力的提升。因此，引入先进的日语教学理念，无疑将为我国日语教学的蓬勃发展注入新的活力。

新理念教学模式可以增加日语教学的多样性，激发学生的学习热情，提高他们的整体日语技能和水平。这将有助于他们掌握更专业、更全面的日语技能，从而更好地应对全球化背景下的各种挑战。

一、导入情境教学法，加强日语教学的趣味性

日语教育工作者应致力于培养学生的自主学习能力，并重视其综合素养的提升，以避免陷入仅侧重于知识灌输而忽略实践应用的传统教学陷阱。在日语教学实践中，我们不应仅限于语言技能的传授，更应深入挖掘日语所蕴含的文化内涵。我们的教学目标不仅在于使学生掌握坚实的语言技能，更在于激发其批判性思维，培育其独立研究的能力。

尽管日语教学具有特定的教学特征，但其与汉语教学之间存在紧密的关联性。

在教学实践中，教师应重视将日语课程内容与日常生活紧密结合，灵活运用情境教学法，激发学生积极参与自主学习，鼓励其独立探索，并促进其创新思维的发展。同时，教师应保持开放的教学理念，勇于打破传统教学模式的限制，以有效增强学生的自主学习能力、交际能力和实际操作能力。

新的教育理念强调学生的主体性和积极性。教师应当通过激发学生的学习热情，发掘他们的语言潜能，引导他们深入理解日语的文化内涵。这样的教学方式不仅能增强学生对日语的学习兴趣，还能全面提升他们的语言素养和跨文化交际能力。同时，鼓励学生将所学知识应用到生活中，提高人际交往能力。①

二、创新日语教学方法，利用多媒体进行教学

在现代教育体系中，多媒体技术发挥着至关重要的作用。特别是在日语教学领域，合理运用多媒体设备能够革新教学策略，提高教学质量。随着高等教育机构中多媒体信息技术的不断发展，涌现出了诸多有效的教学辅助工具。这些多媒体教学工具结合了视觉与听觉元素，直观地呈现教学内容，增加了学习的趣味性，使得日语课程更加生动和具体，有助于学生对知识的理解和掌握。例如，教师可以利用日语音频资源，包括播客、录音教材以及标准日语演讲对话，使学生接触到规范的发音。这种教学方式不仅有助于学生纠正发音和语调上的偏差，还能让他们在聆听的过程中体验到日语的真实语境，从而加深对日语的理解和掌握，提高学习成效。

多媒体技术在日语教学领域的应用展现了巨大的潜力。教师应激励学生积极主动地参与学习过程，打破传统教学模式的局限，激发他们的学习兴趣和内在动力。因此，高等教育机构中的日语教师需持续更新和优化教学方法，有效地应用多媒体信息技术，以拓展教学视野，提升教学品质。

三、合理使用网络教学资源

日语教育工作者应积极采纳线上资源，合理利用网络教学的优势，提升学生参与网络学习的积极性。在线资源在日语教育中的应用，能够弥补传统教材的不

---

① 吴薇，泉田真里. 那些无法忘记的日剧 [M]. 大连：大连理工大学出版社，2009.

足，为教学策略和课程内容提供有力的参考，使学生能够接触新的知识，从而提高其综合素养。此外，通过利用网络沟通工具，可以加强学生、日语教师以及日语爱好者之间的交流，进而培养学生的表达能力。

综上所述，语言交流在提升口语交际能力方面发挥着至关重要的作用。教师应高度关注口语实践，积极构建真实的日语对话环境，并充分利用在线交流平台，为学生提供更多的口语实践机会，从而不断提升学生的日语沟通技巧。

学习日语是跨文化交流的关键，因此大学日语教育的核心目标应聚焦于全面提升学生的日语表达能力。针对我国社会文化的具体需求，大学日语教育应当将理论知识与实际交流紧密结合，着力强化对学生日语实践操作技能的培养，持续推动他们综合素质的提升。

第五节　创新教育在高校日语教学中的应用

教育工作者应以"学习者为中心"的教育理念为指导，致力于将语言、文化和专业知识融合，并鼓励学生积极参与。通过结合传统教材、多媒体、网络资源以及移动学习的多元化教学模式，旨在全面提升教学成效。该融合策略使学生能够在多样化的平台上获取知识，从而增强学习的互动性和趣味性。同时，采用形成性评价与终结性评价相结合的双重评价体系，确立以教师自评、学生互评和教师小组评价为核心的三大评价结构。

一、教育理念的创新

在传统日语教学模式中，以教师为主导的教学方式长期占据主导地位。在大学日语课堂上，教师通常处于中心位置，而学生处于被动接受知识的状态，缺乏参与度和积极性，这在一定程度上限制了教学质量的提升。随着创新教学方法的引入，"以教师为中心"的教育观念逐渐被打破，教师的角色亦将从主导者转变为辅助者和引导者。

无可争议的是，"以学习者为中心"的教育理念应得到广泛推广和应用。早在 1995 年，著名语言学家大卫·努南便提出了这一具有前瞻性的教育理念，旨在缩小学习过程与课堂教学之间的鸿沟，培养具备自主学习能力的优秀学生。在该理念下，学习者从被动的知识接受者转变为积极参与教学过程的主体。学习者的主观能动性、创新思维以及个性化需求得到充分的尊重和激发。学习内容的设计、教学方法的选择以及实践活动的组织与管理，均应紧密围绕学习者的实际需求和兴趣进行。"以学习者为中心"的教育理念强调个体的主观能动性，致力于培养创新思维，并推动学习者进行创新。

尽管如此，在实施"以学习者为中心"的教育理念的过程中，教师的作用依然至关重要，他们在日语教学实践中扮演着不可或缺的角色。

二、教学目标的创新

在高等教育体系中，日语教学历来聚焦于对语言技能的培养。然而，随着教学方法的创新，教育目标亦需相应地进行改革与更新。为了培养具备创新思维和综合能力的优秀人才，对教育目标适时调整与优化显得尤为迫切。

大学日语教学的核心目标在于使学生掌握日语语言技能的同时，深入理解目标语言国家的文化内涵，并将文化知识与专业知识相融合，构建一个全面的学习体系。通过这种方式，学生不仅能够熟练运用日语技能，而且能够获得跨文化交际的能力，进而灵活地将其应用于专业实践之中。

三、教学设计的创新

教师在制订教案时，需综合考虑学生的实际能力、课程内容及教学目标。然而，部分国家已采纳新的课程设计范式。教学设计应同时关照教学与学习两个维度，故此，我们应始终遵循"以学生为中心"的教学原则。通过精心设计，促进学生主动参与知识建构和技能习得，以实现高效学习。在知识经济时代，教师还需助力学习者构建有利于创新实践的有益学习环境。

在师生共同参与的课程设计模式下，教师能够更精确地规划课堂活动内容及组织形式，深入理解不同学习者的需求、状况及面临的挑战，使学生积极投身于课程设计的过程之中，从而丰富他们的学习体验。此模式旨在激发创新思维，培育创新技能，并创造适宜环境，以促进信息时代学习者进行研究性学习。

四、教学方法的创新

传统教学模式主要依赖教科书，辅以课件展示、问答互动及课堂讨论等手段。随着教育技术的发展，多媒体在教育领域的应用逐渐普及化。依据现代教育原则及教育理论，尽管人机交互具有其重要性，但教师与学生之间的互动平台亦是不可或缺的。

作为大学外语学科之一的日语教学，其方法论的灵活性要求远超一般学科。尽管传统的交流手段依然是教学中的必要组成部分，但多媒体技术的显著优势在于其能够有效激发学生的学习兴趣，辅助学生模拟各类场景对话，实现日语情境的真实体验。

互联网的互动性为日语教学方法的创新带来了新的机遇。此外，新兴的 5G 技术正在教育技术领域引发革命性的变化，移动学习成为新的研究热点。移动设备如手机已成为知识传播的关键媒介，它们提供了一个至关重要的平台，极大地提升了人们获取和分享知识的能力。

五、教学实践的创新

课堂实验练习在检验教学成效和巩固复习知识方面发挥着关键作用。传统教学实验通常划分为课堂实验与课外实践两个范畴。课堂实验着重于培养学习者的自主感知能力和创造性思维，其内容包括同伴对话、小组讨论等传统互动形式。课外实践活动则涵盖了日本动漫配音比赛和翻译比赛等。然而，课堂活动与课外活动之间往往存在衔接不畅的问题，因此积极探寻将宿舍活动与课堂活动相结合的策略显得尤为关键。在宿舍环境中开展听、说、读、写等多样化的语言实践活动，能够有效改善学生在日语口语方面的不足。此外，教师通过主动邀请学生至宿舍进行学术咨询，不仅有助于缩短师生之间的距离，而且能够促进教学目标的达成，从而提高教学成效。

六、教育评估的创新

对日语教学质量进行客观评估，是提升教育水平的关键基础。评价体系涵盖形成性评价与终结性评价两个维度，以及教师自我评估、学生评估和教师集体评估三个核心要素。

形成性评价着重于学习过程的动态监测，其具体内容需依据不同课程的特点灵活设定。教师需对自身教学成效进行反思，学生则需对所学知识的理解程度进行自我评价，同时教师团队亦需认真审视教学方法，并基于评价结果探讨教学策略的改进。

终结性评价是对教学成果的总结性评估。在进行评价时，应优先考虑形成性评价的结果，因为它们能更全面地反映学习过程中遇到的问题与取得的进步，为后续教学改进提供更有价值的参考。

高等教育日语教学的核心目标在于培养学生的创新理解、创新思维和创新能力。该教育模式以学习者为中心，旨在全面提升学生语言、文化及能力的综合应用水平，同时高度重视学生的积极参与，其核心理念为"项目式学习"。

教学方法融合了传统的教学工具、多媒体、网络及 5G 移动学习等多种教育手段，并巧妙地将课堂实践与课外实践、寝室与课堂学习活动相结合。此外，我们引入了"基于设计的学习"这一创新教学理念，对传统教学工具进行了改编与整合，以期达到更佳的教学效果。

在评价体系方面，我们采用了"三位一体"的评价方式，包括教师自我评估、学生互相评估以及教师团队评估，形成了一套综合性的评价要素。同时，我们也引入了双重评价体系（即将形成性评价与终结性评价融合起来的体系），以便全面评价学生的学习情况。

第六节　体验式教学模式在高校日语教学中的应用

在全球经济一体化的背景下，外语教育的重要性日益凸显。中日两国在经济、政治、文化等领域互动频繁，这一点从两国的经济数据和文化交流的历史中可以得到充分的证明。例如，根据权威数据平台鸥维数据的统计，中国的 GDP 总量已远远超越日本，成为世界第二大经济体。而在文化交流方面，19 世纪末期和 20 世纪初期，中国开始深入了解日本的文化和知识，尤其是在教育领域，许多中国人前往日本留学，学习日本的文化和技术。同时，许多日本书籍也被翻译成中文，传播到中国。这些书籍的传播和翻译促进了中日文化之间的交流。语言作为交流的工具和媒介，在中日关系的发展过程中发挥着重要作用。

实际上，我国部分高校开设日语教学的时间较久，但是由于受传统教学模式的影响，教学知识点更新较慢、教学内容陈旧、学生参与度不高，因此使日语教学并没有起到相应的效果。为改善日语教学现状，部分高校积极变革教学模式，采用体验式教学法，显著增强了师生间的互动，提升了教学效果，从而大幅提高了学生的日语学习水平。

一、体验式教学模式的内涵

体验式教学起源于德国，后经由杜威推广的户外体验式学习计划而广泛传播。杜威倡导学校教育应激发学生的主观能动性，促使他们积极参与教育过程。

体验式教学的核心在于知识与实践的融合。教师需通过创新教学方法，创设新的学习情境，以验证知识体系的有效性。如此不仅能够实现知识与实践的融合，还可以加深学生对课程内容的理解。

实施体验式教学对教师提出了较高的要求。在这一过程中，教师必须做到以下几点。

（1）教学设计需紧密结合课程内容和学生实际，确保情境设置既与学科紧密相关，又贴近学生的现实生活。

（2）教师应接受在线多媒体技术和教育技术工具的培训，以便有效利用在线平台，激发学生的学习兴趣，加深其对教学内容的理解与掌握。

（3）教师应积极转型，由课堂管理者转变为引导者和催化剂，鼓励学生发挥主动性与创新精神，并妥善管理课堂参与，确保理论知识能恰当应用于社会实践，实现理论与实践的深度融合。

通过实践，体验式教学模式在高校日语教学中的应用显著提升了教学效果，增强了师生互动意识，并有效提高了学生的日语学习水平。学生仅依赖课堂上的理论教学，往往难以在短时间内熟练掌握外语技能，体验式课程是一种将理论知识与实践经验紧密结合的教学方式，通过创建与日语学习相关的实际情境，学生不仅能在了解日本的历史、文化和社会背景的基础上更深入地理解和掌握日语，还能获得丰富的实践机会。参与体验式课程的过程中，学生可以增强与教师和同学之间的互动交流，这将进一步提升他们的日语语言技能和跨文化交流能力。总的来说，体验式学习为日语教学开辟了新的路径，有助于培养学生的实际应用能力和全球视野。

二、体验式教学模式在高校日语教学中的运用

（一）转变教师角色，创建体验式课堂教学

在日语教学过程中，应超越传统的"教师主导"模式，逐步转向"以学生为中心"的教学模式，强调学生的主动参与和自主学习的重要性。在日语课堂的教学环境中，教师可将学生划分为若干小组，并为各小组布置与课程主题紧密相连的任务或项目。

小组讨论的教学策略不仅能够激发学生的学习兴趣，还能增进师生之间的互动，使教师更准确地了解学生的学习状况，进而实施更具针对性的教学。此外，在日语教学实践中，教师应构建可供学生共同参与的话题场景，使学生在真实语境中学习日语的使用技巧，掌握相应的语言技能。

（二）积极开展课外实践培训

掌握日语的学习过程不应局限于课堂环境。学生想要在短期内实现日语能力的显著提升，频繁地参与课外实践活动显得尤为关键。例如，教师可引导学生加入中日语言交流项目，借此锻炼其口语表达能力。持续参与此类交流活动，有助于学生逐步深化对日本风俗习惯及文化背景的理解，从而显著提高日语学习的成效。

此外，教师亦可安排学生在适宜的日资企业进行实习，以便学生更深入地理解日本企业的运营环境及工作氛围。此类实践经验不仅使学生能够将所学知识应用于实际情境，而且对学生日语学习的进程及其未来职业发展产生积极而深远的影响。

（三）加强与日本各大学的交流

在语言习得过程中，语言环境扮演着至关重要的角色。为促进学生日语能力的提升，高等教育机构应深化体验式学习的改革，加强与日本高等教育机构的交流与合作。通过与日本高校建立合作伙伴关系，共同规划并实施项目，可以促进中国学生与日本学生之间的深入互动与合作。这种合作模式为学生开辟了更多学习交流的途径，使他们能够在真实的跨文化环境中锻炼日语表达与沟通技能。

高等教育机构亦可考虑与日本大学建立合作伙伴关系，派遣留学生赴日深造。此举将为学生提供更多的在日语环境中学习与实践的机会，进而更有效地提升其日语水平及口语表达能力。

此外，在日语学习过程中，文化交流能力亦是值得重点培养的内容。因此，为提高日语教学的质量，高等教育机构需积极改变传统的教学方法，开发更具实效性的体验式学习方法，创造让学生能在实际生活中体验和应用日语的情境，从而更有效地学习这门语言。

第六章　现代信息技术赋能日语教学的创新模式与实践路径

在全球化与技术深度融合的当代，语言教育正经历前所未有的转型。2025 年《日语学习与研究》明确提出，日语教学需适应"文明互鉴下的东亚文化、思想交流"需求，强调技术应用是培养跨文化交际能力的核心工具。这一转型不仅是语言教学的内在需求，更与全球教育数字化浪潮紧密相连。

中国《教育信息化 2.0 行动计划》与日本"数字教育推进战略"形成合力，共同推动语言教育数字化转型。中国的教育政策明确提出构建"互联网＋教育"新生态，通过教育资源云服务、大数据分析等举措提升教学效率；日本则通过"GIGA School"计划推动技术融入基础教育，两国政策联动为日语教学的技术应用提供了制度保障。

传统教学倡导"以教师为中心"，过度依赖语法讲解与机械练习，忽视听说能力与跨文化实践，导致学生语言应用能力薄弱。信息技术支持的个性化学习（如 AI 自适应系统）和沉浸式体验（如 VR 场景模拟）则恰好能够弥补这些缺陷，满足学习者对日语学习的灵活性与交互性的需求。

日本早稻田大学开发的"虚拟日语村"项目，就是利用 VR 技术模拟日本社会场景（如便利店、职场会议），学生通过任务驱动式学习提升语言应用能力，该项目在跨文化敏感度测评中使学习者得分提高 35%。美国麻省理工学院（MIT）则开发了基于深度学习的 AI 语音纠错系统，通过实时语音反馈优化发音准确性，其技术模型已被多国高校引入。

国内高校的教学实践同样取得了突破性进展。长沙学院推行混合式教学改革，整合 MOOC 资源与 AI 智能题库，实现课堂内外联动，学生 JLPT 口语平均分提升了 13 分；无锡技师学院则将 VR 技术应用于"日本文化体验"课程，通过虚拟参观京都清水寺、参与茶道仪式等场景，将语言学习与文化认知深度融合，契合"文明互鉴"的学术导向。这些案例表明，技术驱动的教学模式正从实验性探索向规模化应用过渡。

第一节 现代信息技术与日语教学的融合基础

在当今时代，现代信息技术与日语教学的融合有着深厚且坚实的基础。这一融合不仅顺应了时代发展的潮流，更为日语教学带来了前所未有的变革与机遇。

在曾经的语言教学领域，技术主要以工具辅助的形式存在，常见的便是"课件＋练习"的模式。随着 AI 技术的迅猛发展，这种传统模式被彻底打破，实现了从工具辅助到智能共生的巨大跨越。以 DeepSeek 的 NLP 模型为代表，它能够实现动态内容生成。这意味着在日语教学过程中，不再局限于固定的教学材料，而是可以根据学生的学习情况、进度以及不同的教学场景，实时生成更加贴合实际需求的教学内容，使教学变得更加灵活、高效。

同时，数据驱动决策在日语教学中也发挥着关键作用。基于大数据的语料库，像 BCCWJ，为教学提供了科学的依据。它能够精准地分析日语的词汇、语法、语境等多方面信息，帮助教师更好地把握教学重点和难点。这种基于大数据的教学模式，也正契合了《日语学习与研究》所提出的"多维实证研究"方向，使日语教学更加科学、严谨，从经验教学向实证教学转变。

日语教学有其独特的性质，这些特殊性决定了在与技术融合时需要高度适配。日语具有很强的文化嵌入性，其敬语体系复杂，并且在交流中对语境的依赖性极高。为了让学习者更好地理解和掌握这些内容，VR 技术正发挥了重要作用。通过 VR 模拟真实场景，学习者仿佛置身于日本的实际生活场景中，能够更加直观地感受和运用敬语，理解不同语境下语言的使用方式，从而强化对日语文化内涵的理解。

另外，日语学习要求学习者具备听、说、读、写的复合技能，每一项技能的培养都需要差异化的技术支持。例如，AI 语音识别技术就侧重于发音纠正，它能够精准地识别学习者的发音错误，并给予及时、准确的反馈，以帮助学习者不断改进发音。而 VR 则更侧重于会话实践，通过构建逼真的对话场景，让学习者有机会在虚拟环境中与不同的"角色"进行日语交流，锻炼口语表达和应对能力。

当然，现代信息技术与日语教学的融合，离不开政策的引导以及良好的教育生态的支持。在中国，教育信息化 2.0 强调"人工智能 + 教育"创新。这一政策导向为日语教学与现代信息技术的融合提供了有力的政策保障和发展指向。在政策的推动下，学校、教育机构等都积极探索将人工智能技术应用于日语教学的新模式、新方法，加大对相关教学资源和技术设备的投入。在日本，文部科学省推动"GIGA School"计划，大力鼓励技术融入语言教育。这一计划使得日本的教育领域能够积极接纳新技术，为日语教学与信息技术的融合营造了良好的教育生态环境。无论是在教学理念的更新，还是教学实践的探索上，都为全球日语教学的技术融合提供了借鉴和参考。

综上所述，现代信息技术与日语教学在技术的变革性影响、日语教学自身的特殊性以及政策和教育生态的支持下，具备了深度融合的坚实基础，为日语教学的未来发展开辟了广阔的空间。

第二节　核心技术与教学场景应用

在当今教育领域，将现代核心技术深度融入教学场景，已经成为提升教学质量、促进学生学习效果的关键路径。尤其是在日语教学中，人工智能（AI）、虚拟现实（VR/AR）以及大数据与语料库技术等都发挥着举足轻重的作用。

一、人工智能（AI）：从自适应学习到智能评估

AI技术在日语教学中展现出了强大的功能，从自适应学习到智能评估，都在全面助力教学的各个环节。

案例 1：DeepSeek 的个性化路径规划

DeepSeek 在日语教学中的应用具有显著的个性化特点。它能够依据学习者不同的职业目标，例如商务日语方向或者动漫翻译方向，有针对性地推荐专项学习内容。对于日语能力考试（N1～N5）的词汇学习，它并非采用传统的固定顺序，而是根据学习者的实际情况动态调整。在某高校的实验班进行实践后，取得了令人瞩目的成绩，N2 通过率提升了 22%。这充分证明了其个性化路径规划对于学习者能力提升的积极作用，能够帮助学习者更高效地达成学习目标。

案例 2：AI 作文批改系统

AI 作文批改系统基于先进的 Transformer 模型运行。它能够深入分析日语作文中的语法错误以及逻辑连贯性。在实际教学实践中，这一系统大大提高了教学效率，教师的批改效率提升了 60%，这使得教师能够将更多的精力投入对学生写作内容的深度指导上。同时，学生在该系统的帮助下，修改作文的准确率达到了 89%，有效地提升了学生的写作能力，让学生能够更加明确自己作文中的问题，并及时进行改进。

二、虚拟现实（VR/AR）：构建沉浸式文化场域

VR/AR 技术为日语教学构建了沉浸式的文化场域，让学生仿佛置身于真实的日本文化环境中，极大地增强了学习体验。

场景 1：跨文化交际训练

在跨文化交际训练场景中，通过模拟日本便利店、企业会议等真实场景，为学生提供了日语交流实践的机会。学生需要在这些场景中完成诸如"商品询价""提案陈述"等实际任务。在无锡技师学院的实践中，学生经过这样的训练后，

跨文化敏感度测评得分提高了 35%。这表明学生对于不同文化背景下的交流方式和文化差异有了更深刻的理解和感知，提升了他们在跨文化交际中的能力和自信。

场景 2：文化认知深化

以 VR 虚拟参观京都清水寺为例，学生不仅可以身临其境地感受清水寺的建筑风貌和周边环境，还能结合茶道仪式学习敬语的使用。这种将文化参观与语言学习紧密结合的方式，高度契合了当前"文明互鉴"的研究热点。让学生在体验日本传统文化的过程中，更加深入地理解日语敬语背后的文化内涵，实现语言学习与文化认知的同步提升。

三、大数据与语料库：精准化教学设计的基石

大数据与语料库技术是实现精准化教学设计的重要基石，为教学提供了有力的数据支持和内容资源。

1. 语料库建设

通过整合 NHK 新闻、推特日文帖、动漫台词等多渠道的日语素材，构建了分级语料库。这些丰富多样的语料来源，涵盖了不同领域、不同风格的日语表达，能够满足不同学习阶段和学习需求的学生。分级设置则使得语料库更具备针对性，便于教师根据学生的实际水平选择合适的教学材料。

2. 学习行为分析

借助教学平台收集的数据，如学生的登录频率、习题正确率等信息，能够对学生的学习行为进行深入分析。通过这些数据分析，可以预测学生可能遇到的学习瓶颈，提前进行干预。例如，当发现某个学生登录频率降低或者在某类习题上错误率较高时，教师可以及时了解情况，调整教学策略，为学生提供更有针对性的辅导，帮助学生克服学习困难，确保学习的顺利进行。

综上所述，人工智能、虚拟现实以及大数据与语料库等核心技术在日语教学场景中的应用，从多个维度提升了教学效果，为日语教学的创新发展注入了新的活力。

第三节 教学模式创新与案例分析

在教育不断革新的浪潮下，日语教学模式也在积极创新，借助现代技术之力，打造出更具活力与成效的教学实践。以下将对几种创新教学模式及其案例展开详细阐述。

一、主题式情境教学：技术赋能的"东京旅行策划"项目

主题式情境教学以特定主题为核心，创设逼真情境，让学生在情境中运用知识解决问题，实现语言能力与实践能力的同步提升。"东京旅行策划"项目便是这一教学模式的典型代表，且在技术的赋能下大放异彩。

在技术整合方面，学生可以借助 VR 技术考察浅草寺。通过 VR，学生仿佛亲身站在浅草寺的土地上，能 360 度全方位观察寺庙的建筑风格、周边街景，感受其独特的文化氛围，为旅行策划积累直观素材。在交通安排环节，AI 生成交通对话模板，为学生提供实用的日语交流表达，无论是在机场询问航班信息，还是在日本乘坐地铁、出租车时与司机沟通，这些模板都能帮助学生快速掌握关键表达，顺利完成交流。当完成旅行策划书后，DeepSeek 会对策划书进行语法校对，确保文本的准确性，避免因语法错误影响策划书的质量。

在评估机制上，采用多元化的方式。其中，AI 分析语言流畅度，占总分的60%。AI 通过对学生在项目实施过程中的口语表达、书面报告等语言输出进行分析，精准评估语言的流畅程度，包括语速、停顿、词汇运用的连贯性等；教师评价文化契合度与创意，占比 40%。教师凭借专业知识和经验，判断学生在旅行策划中对日本文化元素的运用是否恰当，以及策划的创意程度，如旅行路线的独特设计、特色活动的安排等，综合评定学生在项目中的表现。

二、混合式学习模式：AI 驱动的"翻转课堂"实践

混合式学习模式是融合线上线下学习的优势，以 AI 驱动的"翻转课堂"作为

其极具创新性的实践形式，通过精心设计的三阶段教学，激发学生学习的主动性。

1. 课前

学生利用MOOC进行自主学习，MOOC平台上有丰富的课程资源，涵盖日语语法、词汇、听力等多方面内容，学生可以根据自身进度和需求进行学习。同时，AI预习测试能够辅助学生检验学习效果，例如动词变形专项练习，AI会根据学生的答题情况，精准分析学生对动词变形规则的掌握程度，找出学生的薄弱点，为后续学习提供方向。

2. 课中

教师利用智能白板展示错误集中点，如助词误用等常见问题。智能白板能够直观呈现学生在预习测试以及日常作业中的错误，方便教师进行集中讲解。随后开展小组纠错竞赛，将学生分成小组，以竞赛的形式对错误进行分析和纠正。这种方式不仅能增加学习的趣味性，还能培养学生的团队协作能力和竞争意识，让学生在相互交流和讨论中加深对知识的理解。

3. 课后

学生通过VR模拟面试，模拟真实的日语面试场景，包括求职面试、留学面试等。学生在虚拟环境中与AI面试官进行交流，可以锻炼口语表达和应变能力。面试结束后，AI会生成复习清单，根据学生在模拟面试中的表现，有针对性地列出需要复习和强化的知识点，如口语表达的常见错误、面试中涉及的重点词汇和句型等，帮助学生有针对性地进行复习。

三、协作型学习社区：跨校资源共享平台

协作型学习社区打破了学校之间的壁垒，促进了资源共享与交流合作。长三角高校联盟搭建的跨校资源共享平台就是很好的案例。

借助大数据平台，联盟内的高校可以共享VR场景、AI题库等优质教学资源。各高校无需重复开发相同的教学资源，大大减少了人力、物力和财力的浪费，降低了重复开发的成本。例如，某高校精心打造的日本传统节日庆祝活动的VR场景，可以通过共享平台供其他高校学生使用，让更多的学生有机会体验沉浸式的

日语学习环境。AI 题库也能在各高校间流通，教师可以根据教学需求从中筛选合适的题目用于教学测试、作业布置等，从而实现资源利用的最大化，推动区域内日语教学水平的整体提升。

第四节　实践成效与挑战

在现代信息技术深度融入日语教学的进程中，实践成果与面临的挑战并存，对这些方面进行深入剖析，有助于更全面地把握教学改革的现状与发展方向。

一、教学效果提升的实证数据

一系列实证数据有力地证明了现代技术应用于日语教学所带来的显著成效。

在长沙学院，AI 语音系统的引入成为提升学生日语口语能力的关键助力。引入前，学生在日本语能力测试（JLPT）口语部分的平均成绩为 65 分，而引入 AI 语音系统后，学生能够借助系统进行大量的口语练习，系统还能精准识别发音错误并提供纠正建议。经过一段时间的实践，学生的 JLPT 口语平均分提升到了 78 分，这一明显的分数增长直观地体现出 AI 语音系统对学生口语水平的积极影响。

同样，VR 文化体验课程也在日语教学中发挥了重要作用。该课程通过虚拟现实技术，为学习者构建了沉浸式的日本文化场景。在学习日本社会礼仪方面，此前学习者对相关内容的认知准确率仅为 47%，在参与 VR 文化体验课程后，学习者仿佛置身于日本的真实生活场景中，亲身感受和实践各种礼仪规范，使得对日本社会礼仪的认知准确率大幅提升至 82%。这不仅加深了学习者对日本文化的理解，也有助于他们在实际交流中更得体地运用日语。

二、技术应用的瓶颈

尽管技术为日语教学带来了诸多积极变化，但在应用过程中也面临着一些瓶颈。

从硬件方面来看，VR 设备的成本较高，这成为限制其广泛普及的一大障碍。目前，仅有 30% 的高校配备了 VR 设备。高昂的设备采购费用、后期的维护成本以及对使用场地和环境的要求，使得许多学校难以大规模引入 VR 设备，这在一定程度上限制了 VR 技术在日语教学中的全面推广和应用。

在伦理层面，AI 评估引发了争议。AI 评估虽然能够快速、客观地对学生的学习情况进行评价，但也可能导致学生和教师对技术产生过度依赖。学生可能过于依赖 AI 给出的反馈，而缺乏独立思考和自我反思的能力；教师则可能因 AI 评估的便捷性，逐渐削弱自身在教学中的主导地位。这种"技术依赖"可能会影响教学的人文关怀和师生之间的深度互动，不利于教学质量的持续提升。

三、教师角色转型

随着技术在教学中的广泛应用，教师的角色也面临着转型，对教师提出了新的能力需求。

首先，教师需要熟练掌握各种技术工具的操作。无论是 AI 教学软件、VR 设备，还是各类在线教学平台，教师都要能够灵活运用，以充分发挥技术在教学中的优势。例如，教师要学会利用 AI 工具为学生制定个性化的学习计划，借助 VR 设备开展沉浸式教学活动。

其次，教师要具备数据解读能力。在教学过程中，会产生大量的数据，如学生的学习进度数据、作业完成情况数据、测试成绩数据等。教师需要能够对这些数据进行分析和解读，从中了解学生的学习状况和需求，以便及时调整教学策略，为学生提供更有针对性的指导。

此外，跨学科课程设计能力也变得愈发重要。日语教学不再局限于语言知识的传授，还涉及日本文化、历史、社会等多个领域。教师需要具备跨学科的知识储备和课程设计能力，将日语教学与其他学科知识有机融合，打造更丰富、多元的教学内容，培养学生的综合素养。

第五节　未来展望与建议

　　站在当下，展望未来日语教学的发展，充满了无限可能。新技术的涌现为其带来了前所未有的机遇的同时，也需要从多方面对教育生态进行重构，以更好地适应发展的需求。

一、技术趋势：元宇宙与脑机接口的潜力

1. 元宇宙日语课堂

　　随着科技的迅猛发展，元宇宙有望在未来日语教学中掀起一场变革。在元宇宙构建的虚拟空间里，学生和教师都将以虚拟化身的形式出现。这种创新模式打破了时间与空间的束缚，无论身处何地，学生们都能相聚在同一虚拟日语课堂，实现"跨时空"的语言实践。例如，学生们可以共同参与一场虚拟的日本茶道文化交流活动，在逼真的场景中，用日语交流茶道知识、礼仪规范，亲身体验日本传统文化，让语言学习不再局限于书本和教室，极大地提升学习的沉浸感和趣味性，有效增强语言运用能力。

2. 脑机接口（BCI）

　　脑机接口技术同样展现出巨大的潜力。它能够实时监测学习者的认知负荷。简单来说，就是通过相关设备了解学习者在学习日语过程中的大脑活动情况，判断其学习时的专注程度、理解难度等。基于这些监测数据，教师或教学系统可以及时调整教学内容的难度。当发现学生认知负荷过高、学习较为吃力时，降低教学内容的难度，给予更多的基础知识讲解和练习；当学生表现轻松、能够接受更具挑战性的内容时，适时增加教学难度，推送拓展性的学习资料，实现教学内容的精准适配，从而提高学习效率。

二、教育生态重构建议

1. 政策层面

为了推动日语教学与现代技术的深度融合，政策层面的支持至关重要。建议设立"日语教育技术专项基金"，为日语教育领域的技术研发与应用提供资金保障。一方面，鼓励高校、科研机构与企业开展合作。高校和科研机构凭借专业的学术研究能力，探索日语教学新技术的创新应用；企业则利用自身的技术优势和市场敏锐度，将研究成果转化为实际的教学产品和服务。通过专项基金的支持，促进双方优势互补，加速新技术在日语教学中的落地应用，如研发更先进的 AI 日语教学软件、更便捷的 VR 学习设备等。

2. 教师培训

教师作为日语教学的关键主体，其教育技术应用能力直接影响教学效果。因此，应将"教育技术应用"纳入日语教师资格认证体系。在教师资格考试和认证过程中，增加对教师教育技术应用能力的考核。这将促使教师主动学习和掌握现代教育技术，如在线教学平台的使用、智能教学工具的操作等。同时，定期组织针对日语教师的教育技术培训课程，邀请行业专家和技术人员进行授课，分享最新的技术发展动态和教学应用案例，提升教师运用教育技术开展日语教学的水平，确保教师能够在课堂上充分发挥现代技术的优势，为学生提供更优质的教学服务。

在当今教育领域，现代信息技术正深刻地改变着日语教学的格局。借助 AI、VR、大数据等一系列强大的技术工具，日语教学不再局限于传统的"知识传授"模式，而是逐步向"能力建构"模式转变。

AI 技术凭借其强大的数据分析和智能交互能力，为学生提供个性化的学习路径。例如，根据学生的学习进度和知识掌握情况，精准推送合适的学习内容，帮助学生更高效地攻克日语学习中的难点，从被动接受知识转变为主动探索和构建自身的知识体系。VR 技术则通过创建逼真的日语语言环境，让学生仿佛置身于日本本土，沉浸式地锻炼日语听说读写能力，打破了语言学习受时空限制的瓶颈，使学生能够在实践中不断提升语言运用能力。大数据技术则为教学决策提供了科学依据，教师可以根据对大量教学数据的分析，了解学生的学习行为和需求，进而优化教学方法和内容，更好地引导学生进行能力培养。

然而，在积极引入现代信息技术的过程中，我们必须清醒地认识到，技术虽然强大，但不能忽视人文关怀。技术只是教学的辅助手段，不能完全取代教师与学生之间的情感交流和人文互动。在教学过程中，教师的言传身教、对学生的鼓励与引导，以及师生之间的思想碰撞和情感共鸣，这些人文因素对学生的成长和全面发展至关重要。因此，要在追求技术效能的同时，注重人文关怀的融入，实现技术与人文的平衡发展。

展望未来，构建"人机协同"的教育生态是日语教学发展的必然趋势。在这种教育生态中，人和技术各自发挥优势，相互协作。技术负责处理大量的数据、提供精准的分析和个性化的学习支持，而教师则专注于发挥其独特的人文优势，如激发学生的学习兴趣、培养学生的批判性思维和跨文化交际意识等。通过"人机协同"，使技术真正服务于跨文化交际能力的培养目标，让学生不仅能够熟练掌握日语知识，还能具备在不同文化背景下有效沟通和交流的能力，成为适应全球化发展需求的复合型人才。

参考文献

［1］齐娜，李娅，魏海燕. 日语教学与翻译方法研究 [M]. 哈尔滨：哈尔滨出版社，2022.

［2］平山崇. 日语教学法 [M]. 南京：南京大学出版社，2011.

［3］李晓艳. 日语教学的理论与模式研究 [M]. 长春：吉林出版集团股份有限公司，2022.

［4］陈为民. 日语教学的模式分析与跨文化视角解读 [M]. 长春：吉林出版集团股份有限公司，2022.

［5］宋琳，艾昕，崔爽. 日语教学与文化视角 [M]. 北京：中国纺织出版社有限公司，2020.

［6］金华. 日语语法基础知识与教学研究 [M]. 广州：华南理工大学出版社，2017.

［7］王冲. 日语教师课堂教学与自我发展研究 [M]. 上海：上海交通大学出版社，2015.

［8］刘婷. 日语翻译与语言文化 [M]. 北京：中国纺织出版社有限公司，2019.

［9］徐斌艳，吴刚，高文. 建构主义教育研究 [M]. 北京：教育科学出版社，2008.

［10］张佩霞，王诗荣. 多元化视角下的日语教学与研究 [M]. 上海：华东理工大学出版社，2009.

［11］李志忠. 变革课堂教学方式：建构主义学习理念及其在教学中的应用 [M]. 广州：广东教育出版社，2010.

［12］威廉姆斯. 语言教师心理学：社会建构主义模式 [M]. 北京：外语教学与研究出版社，2011.

［13］彭曦. 日语教学与日本研究 [M]. 上海：华东理工大学出版社，2016.

［14］威廉姆斯．语言教师心理学：社会建构主义模式 [M]．北京：外语教学与研究出版社，2011.

［15］周延波，耿春华．教学方法与技能 [M]．西安：西安交通大学出版社，2012.

［16］张雅军．建构主义指导下的自主学习理论与实践 [M]．武汉：华中师范大学出版社，2012.

［17］王湘玲．建构主义的项目式翻译能力培养研究 [M]．长沙：湖南大学出版社，2012.

［18］席隆乾．建构主义教育 [M]．北京：社会科学文献出版社，2013.

［19］揭侠，汪平，徐卫，等．日语教学与日本研究：中国日语教学研究会江苏分会 [M]．上海：华东理工大学出版社，2013.

［20］于康．语料库的制作与日语研究 [M]．杭州：浙江工商大学出版社，2013.

［21］（日）藤卷启森．日语语法教学研究 [M]．北京：北京大学出版社，2013.

［22］彭广陆，（日）滕卷启森，唐磊．日本语言文化研究丛书（第1辑）：日语语法教学研究 [M]．北京：北京大学出版社，2013.

［23］高宁．翻译教学研究新探 [M]．天津：南开大学出版社，2014.

［24］曹大峰．日语协作学习理论与教学实践 [M]．北京：高等教育出版社，2014.

［25］阎萍．培养高校日语专业学生的人文素养 [J]．智库时代，2019（27）：163-164.

［26］于学英，张壹萍．合作学习理论在大学日语教学中的应用 [J]．现代交际，2019（8）：169.

［27］邓圆．汉语对日语语言文化的影响研究 [J]．语文建设，2015（26）：95-96.

［28］陈亚军．浅谈汉语文化对日语教学的影响 [J]．语文建设，2015（18）：15-16.

［29］谭盈盈．论日本语言文化的表达特征 [J]．佳木斯职业学院学报，2015（6）：308.

［30］窦林娟．浅谈日语语言知识与日本文化相结合的教学方法 [J]．赤子，2015（11）：75-76.

［31］陈钟善．高校日语教学现状及建议措施探析 [J]．课程教育研究，2019（32）：239-240.

［32］常楣. 日语翻译面对的语言文化差异问题研究 [J]. 现代交际，2015（4）：
39.

［33］朴旭兰. 中日语言特点及文化表现对比研究 [J]. 湖北函授大学学报，
2015，28（6）：137-138.

［34］符莹. 现代大学日语教学理论与实践模式研究 [M]. 北京：群言出版社，
2023.